에스엠 리퍼블릭

SM REPUBLIC

문화 레전드
시리즈
02

SM REPUBLIC

에스엠 리퍼블릭

기획자 이수만이 꿈꾸는 문화제국

글 김동환
그림 김광성

이야기공작소

문화기획자

SM ENTERTAINMENT

보아

Girls' Generation

소녀시대

東方神起
동방신기

chapter

1

/06

Author's note

SM. ENTERTAINMENT

영화 기획자로 살아온 지 14년째다. 어떤 분야든지 기획 일이란 게 쉽지 않다. 새로운 기획으로 세상을 깜짝 놀라게 해줄 거라는 처음의 바람은, 기획자를 현실에 적응하지 못하는 외톨이로 만들기 십상이다. 철저히 대중과 호흡하면서 유행하는 트렌드에 맞춰 안전한 기획을 해 나가겠다고 작심하면, 발전 없이 정체된 생각을 가진 고루한 기획자 소리를 듣게 된다.

이수만은 내가 어렸을 때부터 아주 친근하게 느꼈던 인물이다. 5남매의 막내로 태어난 나는 또래 친구들보다 윗세대의 문화를 접할 기회가 많았다. 나의 큰 누나와 이수만은 동갑으로 같은 동네에서 여고, 남고를 다녔다. 같은 시대적 상황 속에서, 그것도 한 동네에서 학창시절을 보낸 두 사람은 정서적 공감대가 많았을 것이다. 대가족 사이에서 윗세대의 문화를 접할 수 있었던 나에게 이수만을 무척 친근하게 느끼게 만든 것은 감수성이 뛰어났던 큰누나였던 셈이다.

나는 어린 시절 그가 불러서 히트시켰던 〈행복〉이란 노래를 친지들 앞에서 불러 박수갈채를 받곤 했다. 그래서인지 그가 대학가요제에서 재치 있는 명사회자로 유명해지는 걸 보며 내 일처럼 뿌듯하게 여겼고, 그의 이후 활동도 눈여겨보게 되었다. 영화 기획 일을 하면서는 기획자로서 이수만의 혜안과 선구적인 업적에 대해 자주 생각하지 않을 수 없었다. 자연 사석에서도 이수만의 빛나는 점에 대해 얘기하게 되었는데, 스토리텔링콘텐츠연구소의 집필의뢰로 이어졌다.

쓴다는 것은 말하는 것과 전혀 다른 일이다. 영화 시놉시스를 쓰면서도 늘 끙끙거렸던 내가 이수만에 대해 쓰기로 작정한 것은, 그에 대한 나의 오래된 관심과 그가 만들어낸 SM 출신 아이돌들에게 사람들이 왜 그토록 열광하는지 궁금했기 때문이다. 문화기획자 이수만의 성공비결은 내가 몸담고 있는 영화를 비롯한 다른 문화 분야의 기획 작업에도 많은 아이디어를 제공해줄 것이라는 생각이 들었다. 그래서 이 책은 이수만에 대한 이야기인 동시에 14년 동안 내가 해온 영화 기획 일을 되돌아보는 과정이기도 했다.

이수만에 대해 나보다 잘 아는 사람이 많지 않다고 생각했었지만 다시 조사하는 과정에서 잘못 알고 있었던 것, 아예 모르고 있었던 사실도 많이 있다는 것을 알고 놀랐다. 그는 내가 알고 있던 것보다도 훨씬 뛰어나고 매력적인 인간이었다.

SM에 대해 알아갈수록 호기심도 커졌다. 지난 한 때 가장 빛나는 별이었던 가수 현진영, H.O.T., S.E.S.와 같은 이들을 다시금 기억해냈고, 옛날 월미도에 있던 카페 '헤밍웨이'까지 기억이 미쳤다. 잊고 있던 추억을 되새겨 볼 수 있었다. 그리고 가장 마음에 와닿았던 그의 수많은 좌절들… 음악뿐 아니라 모든 예술 장르에서 기획자가 겪곤 하는 수많은 좌절을 이겨내고 오늘날 한국뿐만 아니라 세계 속의 SM이라고 할 만큼의 성공을 거둔 이수만의 빛나는 순간을 확인하며 나는 새삼 벅찬 기쁨을 느꼈다.

나는 이 책을 읽는 독자들이 보다 객관적인 시각으로 이수만의 가치를 이해하고 판단해낼 수 있기를 기대한다. 이 책엔 성공한 기획자와, 그 기획자를 다소 비판의 눈으로 바라보는 또 다른 기획자의 이야기가 있다.

아무쪼록 이 책이 문화 콘텐츠 기획 일을 하는 선후배와 동료, 그리고 이제 자신만의 기획을 꿈꾸며 준비하는 새내기 기획자들이 읽고 도움이 되었으면 하는 바람이다. 그래서 실패와 성공이 교차하는 이수만의 기획 역사를 되짚어보며 젊은 기획자들이 자신의 약점을 보완하고, 다른 사람들을 설득해나갈 용기를 얻게 되었으면 좋겠다. 아주 어쩌다 성공하고 대부분 실패의 쓴맛을 보는 나도 그랬으면, 이보다 더 꿈같은 일은 없을 것이다.

2015년 여름, 김동환

chapitres 목차

chapter 3. 음반시장에서 아이돌이란 항로를 개척한 이수만

chapter 4. 아이돌로 아이돌을 극복하는 이수만

chapter

2 / 06

선장
이수만과
SM호의
첫 항해

'헤밍웨이'는 가수와 MC사이에서 가늠하던 이수만에게 기획자로써, 혹은 사업가로써 성공할 수 있다는 분명한 시그널을 보내고 있었다. 이후 이수만은 '헤밍웨이'에서 얻어지는 수익으로 SM 엔터테인먼트를 세우게 되고, 한국 가요사를 뒤흔들게 된다.

SM 엔터테인먼트_비전

최초의 MTV 스타일 뮤직 비디오

1981년 뉴욕의 한 케이블 TV 방송국이 개국했다. MTV가 그곳이다. 이 방송국은 세계의 음악 산업을 송두리째 바꿔놓는다. **당시엔 생소한 뮤직비디오를 24시간 방송하는 모험을 강행하는데, 첫 방송의 뮤직비디오 제목이 공교롭게도 버글스(The Buggles)의 ⟨video killed the radio star⟩였다.** 노래는 노래 제목대로 된다는 속설이 있는데, 거짓말처럼 1981년 이후 음악시장은 듣는 음악에서 보는 음악으로 대전환을 하게 된다. 이러한 새로운 형태의 음악시장은 가수들에게까지 영향을 끼쳐, 오디오형 가수에서 비디오형 가수로 변환시키는 촉매제 역할을 한다.

그렇다면 우리나라 최초의 뮤직비디오는 누가 만들었을까? 지금 언급하는 뮤직비디오는 당시 세계적인 유행을 이끈 MTV에서 방영하던 스타일의 뮤직비디오다. 방송국에서 쇼를 목적으로 촬영한 후 가수가 직접 영상을 제작하여 노래를 담고 가수와 노래의 콘셉트를 녹여내는 것이 MTV 스타일의 뮤직비디오이다. 1985년 당시, KBS ⟨연예가 중계⟩에서 독점 보도하고 소개했던 가수 이수만의 〈돌아와〉 뮤직비디오가 바로 한국 최초의 MTV 스타일 뮤직비디오이다. 당시 이수만의 뮤직비디오는 많은 면에서 파격이었다. 가수가 직접 출연하여 촬영한 것은 물론이고, 지금 보면 조악하기 짝이 없지만 당시에는 최첨단이었던 컴퓨터 그래픽 기술을 도입하여 제작하였다. 하지만 성공하지 못했다. 미국에서 귀국하여 가수 활동을 재기했을 때 이수만은 십 대 팬들과 큰 괴리감을 느껴야 했고, 뮤직비디오에 열광할 만한 젊은 연령층은 이수만에 대한 기억이나 선호도가 전혀 없는 상태였기 때문이다. 그럼에도 불구하고 당시 아무도 시도하지 못했던 뮤직비디오를 혁신적인 컴퓨터 그래픽을 이용하여 대중에게 선보였다고 하는 것은, 그의 커다란 도전 정신이 빛을 발한 사건이었다. 이수만의 〈돌아와〉 뮤직비디오는 한국 가요계에 큰 획을 그었다.

부암동과 풍수

작년에 많은 사랑을 받았던 드라마 〈정도전〉은 이성계와 정도전의 역성혁명에 관한 스토리텔링이다. **한 나라의 도읍을 정한다는 것이 얼마나 힘든 것인 줄은, 한양이 조선의 수도로 탄생하는 과정만 살펴보더라도 알 수 있다.** 조선 전체를 놓고 한양에 수도를 정할지 아니면 계룡산에 수도를 정할지 설전을 벌였다고 하고, 서울에서도 주산을 북악산(백악산)으로 놓을 것인가 아니면 신촌 쪽 안산으로 놓을 것인가 의견이 분분했다고 한다. 결국 한양의 경계가 확정되고 정도전이 직접 한양의 도시 계획을 세우는데, 사대문과 사소문 그리고 종묘사직과 정궁(경복궁) 등을 풍수지리를 이용해 지었다.

풍수에 따라 도읍을 정해서인지 조선은 500년이란 비교적 긴 시간 동안 살아남았다. 조선 시대 한양을 둘러싼 도성(성곽) 중 북대문 격인 숙정문은 북쪽에서 음기가 들어온다 하여 늘 문을 닫아놓고 지냈다고 한다. 하지만 그 숙정문도 인조반정 때 문을 활짝 열어 반군들을 맞이했다고 하니 숙정문 북쪽은 기세등등했

33

던 게 틀림없었던 듯싶다.

숙정문 북쪽으로 가면 부암동, 세검정 그리고 평창동이 나오는데 지금도 문화예술 쪽 인사들이 많이 산다. 특히 숙정문 바로 앞인 부암동에 얽힌 일화가 하나 있어 소개하고자 한다. 지금은 한국 영화계 거장 감독으로 손꼽히는 이준익 감독은 작품을 하기 전에 부암동에서 계속 살았다. 당시 소문으로 '부암동 쪽이 워낙 음기가 세서 예술이나 고시 공부 하는 사람들은 좋은 기운을 얻을 수 있다고 했고, 반면에 평범한 샐러리맨들에겐 땅의 기운이 너무 드세서 좋지 않다'란 이야기가 있었다. 결국 풍수 때문인지 아닌지 몰라도 이준익 감독은 〈왕의 남자〉로 대박이 났고 거장의 반열에 올랐다. 이수만 회상이 태어나 자랐던 곳 역시 부암동이었다.

우드스탁, 그리고 클리프 리처드 사건

이수만은 어떤 음악을 듣고 자랐을까? **필자는 어린 시절부터 사춘기 시절을 거쳐 대학 때까지 들은 음악이 평생의 음악 취향을 좌우한다고 생각한다.** 50년대 태어난 이수만이 어떤 음악을 듣고 자랐는지 자세히 알 수는 없다. 워낙 사회적 여건이 열악한 시대에 태어났으니 지금같이 쉽게 음악을 접했을 리는 없었겠지만, 당시 서울 하고도 사대문 안에서 초중고를 다닌 그였기에 문화적 환경만큼은 또래보다 훨씬 많은 혜택을 받은 듯하다. 그가 대학 때 몸담았던 '샌드 패블스'는 서울대학교 농대 그룹사운드로 록을 하던 곳이었고, 그 후 활동했던 '4월과 5월'은 포크를 하던 듀엣이었다.

당시 세계적으로 유행했던 음악의 조류는 무엇이었을까? 다름 아닌 록과 포크였다. 엘비스 프레슬리로 대표되는 로큰롤과 밥 딜런으로 대표되는 포크가 이미 걷잡을 수 없는 거대한 불길이 되어 젊은 세대를 사로잡았다. 젊은 세대들은 기존의 음악을 거부했고, 나아가 기존의 체제와 기성세대를 불신하고 바꾸려는 움직

임으로까지 발전했다. 그 물결은 거대한 바다가 되어 수많은 뮤지션들을 탄생시켰다. 대중음악은 사회현상과도 밀접한 관계를 갖기 시작했고, 저항과 반전 그리고 인권을 음악에 녹여내는 수준에 이르렀다. 1969년에는 최악의 기상조건과 환경 속에서도 50여만 명이 참여하는 역사적인 뮤직 페스티발을 개최하게 되고, 그들이 이야기하고 싶었던 반전과 평화는 커다란 사회적 이슈로 떠오른다.

쿠데타로 정권을 잡은 군인이 정치를 하던 무렵, 대한민국의 경제적인 상황은 매우 열악해 1인당 국민소득이 148달러였다. 당시 유명한 가수로 김추자, 패티킴, 현미 등이 있었으며 이들이 부르는 노래는 곧 국민가요가 되었다. 한편 서울에서는 록의 영향으로 언더그라운드에서 록밴드들이 활동을 하고 있었다.

1969년 10월 18일 이화여대 대강당. 정원 3천 명을 훨씬 웃도는 관객이 몰렸다. 그곳에선 당시 모든 언론이 경악할 만한 사건이 발생했으니 바로 영국의 록 가수 클리프 리처드의 내한공연이었다. 당시 시민회관과 이화여대 대강당에서 공연을 했는데, 이대 공연 당시의 관객들 환호성을 지금 들어보면 지금의 아이돌 팬들은 명함도 못 내밀 정도였으니 기성세대들의 충격은 실로 엄청났고 사회적인 파장 또한 엄청났다. 항간에 떠도는 소문에 의하면 여학생들이 무대 위로 속옷을 던지는 일까지 있었다고 하니 사실 여부와 관계없이 충격적인 사건이 아닐 수 없다. 5남매의 막내인 필자의 큰 누나도 여고 시절 학교를 결석하고 이 공연에 갔다고 하니 당시 서울에서 음악에 관심이 있거나 외국 가수들에게 관심이 있던 사람들의 관심도가 얼마나 컸었는지 조금은 가늠해 볼 만하다. 당시 고등학생이었던 이수만에게도 음악적으로 문화적으로 큰 사건으로 자리 잡았을 것이 분명하다.

뮤직 페스티벌 우드스탁과 클리프 리처드의 내한 이후 한국의 음악시장은 서서히 변하기 시작한다. 본격적으로 록밴드(그룹사운드)가 생겨 방송에 선보이고 통기타와 포크송은 젊은 세대의 특권처럼 자리 잡는다. 이수만은 아마도 이런 음악의 변화를 누구보다도 영민하게 관찰 했으리라. 후에 힙합 음악의 시장이 전무하던 때 힙합을 소개해 큰 반향을 일으켰으며 서태지와 아이들이 성공한 것을 보고는 힙합 아이돌을 만들어 성공시킨 이수만의 이력은, 큰 변화를 예의주시하면서 직접 몸으로 느꼈기에 가능했지 않았나 싶다. 이수만은 이때부터 가수로 활동을 시작하고 그가 하고자 하는 음악 세계는 그가 경험한 음악에서 출발했다고 할 수 있다.

김민기와 이수만, 그리고 세시봉

이수만이 서울에서 어린 시절을 보낼 무렵, 그 세대가 들으며 자랐던 대표적인 뮤지션은 비틀즈와 롤링스톤스 그리고 밥 딜런이었다. 이들의 노래는 포크와 록으로 나뉘면서, 자유와 저항 그리고 젊음을 대변했다. 미국에서는 1969년 수십만의 젊은이가 모여 반전과 평화를 위한 음악 축제인 '우드스탁'을 열었고, 이 물결은 히피와 반전문화로 급격히 퍼져나가면서 젊은 세대의 감성을 강타하였다. 바로 1년 전인 1968년 프랑스에선 '68혁명'이 일어나 기존의 체제를 아예 붕괴시키고자 하였다. **급변하는 시대 흐름 속에 우리나라 상황은 어떠했을까? 우리나라 젊은 세대 역시 세계의 흐름 속에서 들썩이고 있었다.** 70년대 초 확산되던 청년문화 속 음악은 다름 아닌 포크와 록이었다. 당시 록을 이끌어나가던 이들은 미8군 무대를 선 사람들이나 밤무대에서 활동한 그룹사운드, 또는 대학에서 아마추어로 활동하던 그룹이었다. 〈장미〉라는 서정적인 노래로 유명한 남성 듀오 '4월과 5월'의 초기 멤버였던 이수만은 주로 서정적이고 아름다운 가사의 노래로 활동하는 한편, 서울대 농대 그룹사운드인 '샌드 페블스' 2기로 활동하며 록에 대한 욕구를 채워나갔다.

밥 딜런으로 대표되던 포크도 국내 음악에 커다란 영향을 주었다. 당시 한국의
가요 흐름을 송두리째 바꾸며 역사를 새로 쓰는 뮤지션이 출현했으니, 바로 저항
의 상징인 김민기이다. 당시 한국 가요사에 절대적인 음악적 영향을 끼친 김민기
는 이수만과 어떤 관계가 있었을까? 김민기는 조영남, 송창식, 윤형주 등과 음악
감상실 '세시봉'에서 자주 어울렸다. 세시봉은 많은 음악인들이 모이는 장소였고,
김민기는 세시봉에서 노래를 부르던 양희은과도 인연을 트게 된다. 후에 음악에
관심이 많던 청년 이수만은 세시봉에 갔다가 이들과 어울렸다. 이들의 관계를 보
여주는 노래가 바로 〈인형〉이다. 〈인형〉은 김민기가 작사·작곡을 했고 참여한 사
람들은 당시 최고의 개그맨인 고영수, 가수 조영남, 그리고 이수만이었다. 저항의
상징인 김민기와 그 당시부터 두각을 나타내던 양희은, 그리고 조영남까지. 청년
이수만은 특정한 장르나 편협한 음악세계를 고집하지 않고 모든 부류의 뮤지션
들과 두루 소통했다.

인형

작사 · 작곡 김민기 / 노래 양희은

아가옷을 입힐까 색똥저고리 입히지

치만 뭘로 할까 청바지로 하지

청바지에 색동옷 입고

하하하하 바보 인형아 색종이를

오려서 예쁜 인형 만들어 선생님께 보이고

엄마한테 드려야지 아가 신을 만들까

뾰족구두 만들지 모잔 뭘로 할까 예쁜 고깔 씌우지

뾰족구두에 고깔을 쓰고 하하하하 바보 인형아

색종이를 오려서 예쁜 인형 만들어

선생님께 보이고 엄마한테 드려야지

아가 입을 그릴까 웃는 입을 그리지

그럼 눈도 그려 봐 우는 눈은 어떨까

하하하하 바보 인형아 색종이를 오려서

예쁜 인형 만들어 선생님께 보이고 엄마한테 드려야지

헤밍웨이와 이수만, 그리고 카페

우디 앨런 감독의 〈미드나잇 인 파리〉를 보면, 주인공 길은 파리에 여행을 간 후 자정만 되면 시작되는 환상 속에서 20세기 초반 파리에서 활동하던 예술가와 작가들을 만난다. 그 환상 속 군상 중 눈에 띄는 한 사람이 있는데 바로 헤밍웨이다. 요즘으로 치면 상남자 캐릭터인 헤밍웨이는 한참 후에야 노벨문학상을 받게 되는데, 스페인 프랑코 장군의 파시즘에 반대하여 스페인 내전에 참전하기도 했다. 또한 그는 바다를 무척 좋아했는데, 그가 노벨문학상을 받게 된 결정적 작품이 바로 『노인과 바다』이다. 그의 인생 61년 중 적지 않은 세월을 플로리다의 키웨스트나 쿠바에서 집필 활동을 했다는 것 등이 그의 바다 사랑을 알려주는 예시들이다.

그렇다면 헤밍웨이와 이수만은 어떤 관계가 있는 것일까? 80년대 초중반부터 일련의 세대들이 압축경제성장의 효과로 새로운 소비문화층을 얇게나마 생성하기 시작했다. 사회는 이미 마이카 시대를 목전에 두고 있었으며, TV 광고에서는 '미스터 파마'라고 불리는 기존의 개념과는 다른 성향의 세대가 나타나기 시작했다. 그전에는 다방을 중심으로 젊은 문화가 소비되었는데, 이 발전에 발맞춰 카페 문화로 옮겨가기 시작한 것이다.

80년대 중후반부터는 정확히 다방과 레스토랑이 양분되어 서로 다른 역할을 맡게 된다. 다방이 약속장소이자 이야기와 토론이 있는 곳이라면, 레스토랑은 연인들이 만나 데이트하기에 최적의 장소였다. 통행금지가 상존하던 시대에 연인들은 초저녁에 만나 칸막이가 있는 어두컴컴한 레스토랑에 들어간 후 당시 유행했던 돈가스, 함박스테이크, 정식 등을 즐기며 그들만의 공간을 만들어갔다.

하지만 80년대 등장한 '카페'라고 하는 개념은 콘셉트 자체가 기존의 다방이나 레스토랑과는 많이 달랐다. 어두침침한 공간 대신 탁 트이고 환한 실내 분위기와 마룻바닥으로 대표되는 파격적인 인테리어부터, 다방 또는 레스토랑이 신청곡이나 경음악을 틀던 반면 당시 세계적으로 유행하던 팝송과 서서히 언더그라운드에서 태동하던 한국 록을 틀어주었다. 홍대, 신촌, 종로 관철동, 방배동, 압구정동 등지에서 카페의 등장과 함께 새로운 문화가 형성되기 시작했으며 각기 다른 스타일로 젊음의 문화가 새롭게 시작되고 있었다.

가장 대중적인 카페가 모여 있던 곳은 종로의 관철동 일대였고, 대학생으로 대표되는 젊은 세대가 수많은 만남을 갖고 낮 시간을 보냈다. 홍대 쪽 카페는 아방가르드한 분위기를 갖춰가고 있었으며 특히 인테리어에서 파격적인 스타일을 추구해 새로운 것을 좋아하던 젊은 세대를 만족시켰다. 압구정동의 카페들은 자그마한 규모에 홍대와 신촌의 중간 스타일로 고급스러움을 표현하려 했다. 특히 밤에 활기를 띠는 지역으로는 방배동의 카페골목이 가장 유명하였으며, 당시 개그맨 주병진은 훗날 그의 사업 모태가 되는 카페 '제임스 딘'을 이곳에서 운영하고 있었다.

미국으로 유학을 갔다가 1985년에 귀국한 이수만은 가수로서의 성공과 사업가로서의 성공을 다 바랐던 듯하다. 귀국 후 음반 작업을 활발히 하면서 가수로서의 화려한 재기를 꿈꿨지만 여의치 않자, 방송인의 길도 병행하게 된다. 하지만 가장 시급하게 해결해야 했던 것은 경제적인 안정이었다. 결국 그는 사업을 하기로 마음먹고, 당시 서울에서 서서히 불이 붙어가던 카페 사업에 주목한다. 과연 이수만은 대중적인 관철동, 파격적인 홍대, 고급스러운 압구정동, 밤 문화가 유명한 방배동 중 어느 지역을 선택하였을까? 그가 선택한 곳은 뜻밖의 장소였다.

월미도.
누군가 월미도에 대해서 필자에게 물어본다면, 역사적 장소라는 것만은 확실히 얘기할 수 있을 것 같다. 개항, 인천상륙작전의 무대라는 점에서도 유명한 그곳에, 서울에서도 아주 특별한 곳에서만 장사가 된다는 카페를 차린다는 건 보통의 역발상으로는 상상하기 힘들다. 이수만은 월미도의 가능성을 보고 그곳에 카페 '헤밍웨이'를 차리게 되는데, 월미도 카페촌의 시작이다.

어찌 보면 이수만은 요즘 한창 유행 중인 스토리텔링 마케팅, 그중에서도 감성 마케팅을 이미 80년대에 만들어 냈다고 할 수 있다. 이 시대를 살면서 헤밍웨이라는 작가를 모르는 사람이 누가 있으며, 그의 이름을 들으면 누구든지 자동으로 『노인과 바다』를 연상하지 않는가? 『노인과 바다』에서 바다에 대한 이미지는 너무나 자명하다.

자, 누군가 우연히 찾은 월미도에서 카페 '헤밍웨이'를 발견했다고 하자. 그곳에서 맥주를 한잔 마시다가 카페 창 뒤로 은은하게 지는 노을을 소파에 기대 바라본다. 그는 노을 진 바다 저 멀리 청새치와 고투를 벌이는 노인을 떠올리며 다시금 맥주를 한 모금 머금는다…. '헤밍웨이'라는 카페의 이름과 월미도의 노을은 시너지를 발휘하며 커다란 스토리텔링 성과를 불러일으키게 되는 것이다. 그렇지만 아무리 좋은 콘셉트와 감성으로 카페 사업을 시작했다 하더라도 사업 운을 무시할 수는 없을 터인데, 이수만은 그런 면에서 운이 좋았다.

80년대 중반 이후 6월 항쟁을 겪고 올림픽을 치른 후 새롭게 문화중심으로 떠오른 젊은 세대들은, 기존의 세대들과는 다른 문화를 향유하기 시작했다. 이들은 경제개발의 초석을 다진 세대의 자녀들로, 새로운 문화를 원했을 뿐더러 경제적인 활동에서도 기존의 세대들과는 다른 구매력을 지니고 있었다. 전철로 갈 수 있을 뿐만 아니라, 마이카 붐으로 개인 소유의 자가용을 타고 서울에서 월미도로 가는 거리는 불과 한 시간에 지나지 않게 되었다. 멀지 않은 거리에 바다를 보며 술을 마실 수 있는 카페가 생겼다니 젊은이들 마음이 동하지 않았겠는가?

'헤밍웨이'는 가수와 MC 사이를 가늠하던 이수만에게 기획자로서, 혹은 사업가로서 성공할 수 있다는 분명한 시그널을 보내고 있었다. 이후 이수만은 '헤밍웨이'에서 얻어지는 수익으로 SM 엔터테인먼트를 세우게 되고, 한국 가요사를 뒤흔들게 된다.

불후의 명곡 〈흐린 기억 속의 그대〉

2013년 9월 KBS 2TV 〈불후의 명곡〉에서 90년대 크게 히트한 가요를 다시 부르는 특집이 있었다. 이날 방송의 하이라이트는 우리나라 최초의 힙합가수 중 한 명이며 SM 기획(현 SM 엔터테인먼트) 1호 가수였던 현진영에게 헌정하듯 〈흐린 기억 속의 그대〉를 90년대 후반의 아이돌 스타인 문희준, 은지원이 부르는 코너였다.

반주 속에 섞여 있는 소울풍의 음색이 특색인 이 곡은 당시 가요시장에 엄청난 파장을 불러일으킨다. 현진영은 80년대 말 클럽이 밀집한 이태원 일대에서 춤으로 유명했던 댄서였다. 당시 동시대에 유명한 춤꾼으로는 어김없이 훗날 대스타가 된 이주노, 양현석, 구준엽, 강원래 등이 있다. 미국에서 귀국하여 '헤밍웨이' 카페를 운영하면서 사업가의 소질을 맘껏 발휘하며 승승장구하던 이수만은 이미 세계적으로 유행이 시작된 힙합에 커다란 관심을 갖는다. 휘트니 휴스턴의 남편으로도 유명한 바비 브라운이 추었던 일명 '토끼춤'이 전 세계 젊음의 코드가 된 상황에서 그는 음반 기획자로 발을 디딜 준비를 한다. 당시 힙합이란 음악 장르가 한국에서 차지하고 있는 시장은 미미했다. 이수만 자신도 힙합을 '언더그라운드' 뮤직으로 표현했으니 일반 대중들은 아예 제대로 접해본 적도 없는 생소한 음악 장르였다. 이수만은 '토끼춤'을 무대에서 출 수 있는 가수를 찾아 키워내는 것이 급선무라고 판단했다.

이수만은 현진영을 SM 기획의 첫 가수로 발탁했고, 혹독한 트레이닝 스케줄을 함께 해나가며 때를 기다린다. 이수만의 준비 방식은 첫 가수였던 현진영 때부터 시작되는데, 모든 노래와 제반 상황은 이미 준비가 끝났고 현진영은 노래를 익히고 춤을 출 수 있게 하면 되는 상태였다. 음반 녹음 시 음악보다는 가수의 보컬이 강조되던 기존의 레코딩 방식을 탈피하고자, 직접 장비를 보강하여 힙합 노래 〈야한여자〉를 토끼춤과 선보인다. 곧이어 〈슬픈 마네킹〉을 선보이며 힙합 불모지에 가깝던 한국 음악시장에 정면승부를 걸며 큰 파문을 일으킨다. 두 번째 노래인 〈슬픈 마네킹〉은 당시 남자 댄스가수의 독보적 존재였던 박남정과 라이벌 구도를 형성하며 무서운 기세로 힙합장르의 영역을 넓혀가기 시작했다.

대마초 사건으로 한바탕 홍역을 치른 현진영과 이수만은 서둘러 수습을 마치고 2집을 준비한다. 이때 나오는 현진영 2집은 가요음반사에 손꼽히는 히트 명곡 〈흐린 기억 속의 그대〉를 수록하였고, 이를 타이틀로 활동하면서 어마어마한 히트를 기록한다. 당시 '서태지 신드롬'이라고 일컬어지며 가요시장의 모든 것을 바꾼 서태지와 아이들의 〈난 알아요〉 열풍이 지나간 지 얼마 되지 않은 시점에 당당하게 등장한 것이다. 〈흐린 기억 속의 그대〉에 이어 파격적인 안무를 선보이며 본격 힙합을 구사했던 곡 〈현진영 Go 진영 Go〉도 선풍적인 인기를 끌며 서태지와 아이들과 치열한 경쟁을 펼칠 정도였다.

2013년 〈불후의 명곡〉으로 돌아가 보자. 문희준과 은지원은 〈현진영 Go 진영 Go〉의 복싱춤, 〈슬픈 마네킹〉의 토끼춤을 춘다. 〈흐린 기억 속의 그대〉를 라이브로 부르고 현진영이 추었던 엉거주춤을 그대로 따라하며 관객들의 열띤 호응을 끌어내었다. 모두 두 가수의 노래와 안무에 푹 빠져서 열광했다. 그렇게 노래가 끝날 무렵 무대는 어두워지고 〈흐린 기억 속의 그대〉 반주가 다시 나왔다. 이때 어두운 무대 속에서 조명 한 줄기에 얼굴을 드러내는 현진영. 그가 뿜어내는 노래는 달랐다. 흑인의 소울을 연상시키는 그만의 목소리, 대중을 압도하는 목소리는 그가 단순한 댄스가수를 넘어서는 대단한 가수라는 것을 다시금 확인시켜주며 보는 사람들을 전율시키기에 충분했다.

이 대단한 가수는 영광과 몰락을 맛보며 한 시대를 마감한다. 현진영으로 무한한 가능성을 확인한 이수만은 다음 아이돌을 만들어 내는 데 커다란 전략 수정을 가한다. 하지만 그렇게 전략을 수정해서 수많은 아이돌을 만들어내고 히트를 시컸다 한들 현진영처럼 대중에게 크게 각인되거나 충격으로 다가온 가수는 그 후로 없다고 본다. 이수만의 뛰어난 감각으로 픽업해낸 SM 1호 가수 현진영은, 이후 누구도 깨지 못하고 넘어서지 못하는 벽이 되었다. 지금의 시스템 안에선 현진영 같은 가수가 또 나오긴 힘들 테니 말이다.

한강에서 두 번 뛰어내린 소년가장 현진영

여기 어린 소년이 있다. 소년의 아버지는 다소 특별했다. 그의 아버지는 대한민국 1세대 재즈피아니스트로 미8군 등지에서 연주를 하는 대단한 실력의 소유자였다. 그는 어린 시절부터 아버지의 영향으로 미국인들이 많이 사는 동네에서 자랐다. 소년의 주위에는 늘 외국인 친구들(특히 미국인들)이 있었고, 그들과 이야기하고 춤추고 함께 놀던 특별한 만남은 나중에 그의 음악적 감성을 글로벌하게 만들었다. 뿐만 아니라 그의 몸속에는 아버지에게서 물려받은 뛰어난 음악적 재능이 흐르고 있었다.

어린 시절의 현진영은 대단히 유복했다. 당시 경제적으로 안정된 집안의 자제들만 갈 수 있다는 서울의 한 사립 초등학교에 진학을 했고, 여유로운 초등학교 생활을 보낸다. 하지만 예민한 사춘기 시절 그에게 엄청난 시련이 찾아온다. 온실속의 화초같이 자라던 중학교 1학년 때 그의 어머니가 위암으로 몸져눕게 된 것이다. 설상가상으로 아버지가 사업에 실패하면서 그의 삶은 밑바닥으로 곤두박

질친다. 집에 운전기사와 정원사가 있었던 현진영은 이제 전기세를 걱정해야 하는 처지가 된 것이다. 이때부터 중학생 현진영은 혹독한 방황의 세월을 보낸다. 걷잡을 수 없는 시련에 방황하던 와중에도 현실은 현진영을 가만두지 않았고, 현진영은 전기세라도 벌기 위해 여러 아르바이트를 전전한다. 그런 그가 잘할 수 있는 일이 한 가지 있었으니 바로 춤이었다. 그는 아버지에게서 물려받은 음악적 재능과 어린 시절부터 자연스레 접한 미국친구들과의 교감이 형성한 몸짓으로 춤을 췄다. 단지 춤만 추지 않고 춤으로 돈까지 벌기 시작한다. 하지만 당시 춤으로 돈을 벌 수 있는 사회적 환경은 극히 미비했고, 집안에 생활비까지 보태야 하는 상황은 그를 최악으로 몰아갔다.

이미 알려진 일화이지만, 십 대 때 그는 한강에서 두 번이나 자살 시도를 한 적이 있다. 한남대교에서 뛰어내렸지만 마침 그 광경을 목격한 나룻배 주인에게 발견되어 목숨을 건지게 된 것. 그 후 그의 댄스 팀 팀장이 팀원들의 급여를 갖고 잠적하는 사태가 발생한다. 어린 현진영은 그 좌절감을 이겨내지 못하고 이태원에서 걸어 내려와 동호대교에서 뛰어내렸는데, 수심이 얕았던 관계로 발뒤꿈치가 강바닥에 닿았다. 현진영은 강바닥이 발에 닿는 순간 용수철처럼 수면 위로 튀어 올라와 살아야겠다는 본능적인 일념으로 강가까지 헤엄쳐 나왔다. 그러곤 강물에 흠뻑 젖은 몸으로 동호대교를 터덜터덜 건넜다.

이토록 파란만장한 삶을 살던 그에게 기회가 찾아온다. 이태원에서 춤꾼으로 이름을 날리던 그때 그를 찾아온 사람이 있었던 것이다. 바로 이수만이다. 이수만은 이미 1988년 〈야한여자〉라는 힙합 장르의 곡을 만들어 놓은 채, 당시 세계적으로 유행하던 힙합 음악에 맞춰 토끼춤을 출 수 있는 가수를 찾고 있었다. 그는 최종적으로 현진영과 또 다른 춤꾼(후에 유명한 스타가 된다)을 물망에 올리고 끝까지 저울질한다. 고민 끝에 이수만은 현진영을 그의 기획사 1호 가수로 선택해 키우기로 한다. 현진영은 당시 노래에 대해선 아무것도 모르고 오직 춤만 출 줄 알았던 자기를 이수만이 발탁한 것에 대해 무척 의아해했다. 이수만은 현진영의 목소리에 한국가수엔 없는 소울이 있다고 말했고, 보석으로 탈바꿈해 빛날 수 있는 원석이라고 칭찬을 아끼지 않았다.

아주 열악한 환경에서도 이수만과 현진영은 열정을 다했다. 당시 기획사 사무실도 없던 시절에 현진영은 직접 만든 데모곡을 이수만이 운영하던 카페로 갖고 가서 반응을 살폈고, 데모곡을 들은 이수만이 현진영을 차로 불러 오디션을 치렀을 정도니 말이다.

이수만은 풍부한 경험과 예리한 눈으로 현진영의 노래와 춤을 하나씩 다듬어 나갔다. 절대 강압적이지 않았다. 춤 연습을 시킬 때는 안무 선생을 데려다 지도하는 게 아니라 이태원 클럽에서 흑인들과 만나 즉석에서 춤을 추며 그 감각을 몸에 익혀 오라고 주문했다. 음반 작업을 할 때도 이수만은 하나부터 열까지 모든 작업을 진두지휘했다. 후일담이지만, 이수만은 현진영 차의 엔진오일도 직접 갈아줬다고 한다. 당시 이수만이 쏟은 정성과 노력과 시간은 후에 SM 엔터테인먼트라는 걸출한 기획사가 만들어지는 초석이 된다.

무대 위의 방황하는 토끼

80년대 후반을 거쳐 90년대에 들어오면서 사회 전반에 수많은 변화들이 나타난다. **독재 권력 하에 획일화되고 움츠렸던 문화 창작 부분의 다양성과 변화 요구는 하나의 문화 현상이었다.** 대중음악도 예외가 아니었는데, 성인가요 중심이었던 가요시장에 변화가 나타나기 시작한 것이다. 80년대 후반 김완선, 박남정 등 댄스가수의 등장은 장르의 다양화로 이어진다.

80년대가 지나고 90년대가 시작되면서 젊은 가수들이 강세를 드러낸다. 이는 가요시장의 새로운 분기점을 형성한다. 그들을 대표하는 가수로 김민우, 변진섭, 이승철, 이승환, 신승훈, 윤상 등이 있었다.

이수만은 힙합이라고 하는 새로운 장르를 한국 가요시장에 편입시키려 했다. 그리고 1988년에 그 준비를 거의 끝냈다. 당시 힙합은 이태원 클럽에나 가서야 들을 수 있었고 외국인들이나 마니아들만이 열광하던 음악이었지만, 세계적으론 이미 새로운 유행으로 자리 잡고 있었다. 이런 새로운 도전은 가수에서 기획자로 탈바꿈하며 절체절명의 승부수를 던져야 하는 이수만에겐 숙명과도 같은 것이 었는지 모른다. 이수만은 현진영과 함께 철저하게 준비해 데뷔의 시기를 엿보던 차에 드디어 한국에서는 시초격인 힙합을 소개하는 방송에 출연한다. 준비된 노래는 〈야한 여자〉. 제목에서 느껴지듯 장르도 내용도 대중에겐 생소했다. 거기에 토끼춤으로 소개되는 안무 역시 생소를 넘어 파격적으로 다가와 댄스음악의 변화를 가져올 정도였다.

〈야한여자〉가 대중적인 주목을 받는 데 성공을 했을지는 몰라도 본격적인 인기 몰이를 하기 시작한 노래는 〈슬픈 마네킹〉이다. 특히 현진영은 '와와'라는 전문 백댄서들과 함께 '현진영과 와와'로 활동했는데, 이들의 면면을 보면 구준엽, 강원래, 김성재, 이현도 등이다. 이렇게 지명도나 인기도로 대중에게 성공적으로 어필한 현진영이 걸어갈 길은 탄탄대로처럼 보였다.

치밀한 기획과 준비, 혹독한 연습과 기다림 끝에 힙합이라는 생소한 장르를 한국 가요시장에 안착시키려는 순간, 이수만에게 큰 위기가 닥친다. 현진영이 대마초 흡연으로 구속된 것이다. 이수만이 가수 재기의 꿈을 접고 사업으로 번 돈을 투자하여 엄마처럼 보살펴서 만들어낸 현진영이, 제대로 꽃도 펴보지 못한 채 시들어야 하는 운명에 처한 것이다. 이수만은 어찌 되었든 사태를 수습해야 했다. 먼저 변호사를 선임한 후 그가 초범임을 강조하며 석방에 만전을 기했다. 이수만의 노력이 어느 정도 결실을 맺어 현진영은 석방되었고 천신만고 끝에 2집을 준비한다.

이수만이 준비했던 1집과는 다르게 2집의 타이틀곡은 현진영이 직접 친구 이탁과 함께 만든 〈흐린 기억 속의 그대〉였다. 2집은 1집 후 일어난 불미스러운 일들을 대중의 머릿속에서 깡그리 날려버릴 정도로 소위 대박을 터뜨린다. 당시 새로운 세대로 주목받던 X세대는 현진영이 대표한다고 할 정도였다. 그동안 보기 힘들었던 힙합스타일의 '엉거주춤'과 헐렁한 힙합스타일의 옷, 그리고 티셔츠에 새겨진 커다란 'X'마크는 현진영을 신세대의 대표주자로 보이게 하는데 주저함이 없었다.

이수만이 기획자로서 심혈을 기울여 만들어 낸 현진영이란 아이돌은 비로소 대중에게 크게 어필할 수 있는 존재가 되었다. 다채로운 기획으로 제2의 현진영, 제3의 현진영을 발굴하여 만들어내면 그의 음반 기획 사업은 승승장구할 수 있을 것 같았다.

야심차게 준비한 현진영의 3집 앨범은 선주문으로만 100만 장이 예약된 상태로 발매했다. 〈두근두근 쿵쿵〉이란 타이틀로 무장한 현진영의 3집 앨범은, 이수만이 꿈꾸던 기획자로의 자리매김을 확실히 하면서 그가 구상했던 모든 사업의 기본을 다질 기회였던 것이다. 하지만 이 모든 계획은 한순간에 물거품이 되어 버린다. 현진영이 이번엔 필로폰 투약으로 구속된 것이다.

이젠 그도 어찌할 도리가 없었다. 선주문에서 제작된 앨범 40만 장을 폐기처분하고 모든 금전적 손실을 감수할 수밖에 없었다. 이후 그의 음반 기획 전략은 대전환을 맞이한다.

현진영

1989년~현재 / SM 엔터테인먼트 → 싸이더스HQ / 남성 1인

앨 범 : – 싱글 앨범 〈야한여자〉 1989년

　　　– 정규 1집 〈New Dance 1〉 1990년

　　　– 정규 2집 〈New Dance 2〉 1992년

　　　– 정규 3집 〈INT. World Beat And Hiphop of New Dance 3〉 1993년

　　　– 프로젝트 앨범 〈INT. World Beat And Hiphop〉 1997년

　　　– 정규 4집 〈Wild Gangster Hiphop〉 2002년

　　　– O.S.T 앨범 〈영화–동상이몽 O.S.T〉 2004년

　　　– O.S.T 앨범 〈영화–신데렐라 O.S.T〉 2005년

　　　– 정규 5집 베타 〈Street Jazz In My Soul〉 2006년

　　　– 정규 5집 1탄 〈Street Jazz In My Soul〉 2007년

대표곡 : 〈야한 여자〉 〈슬픈 마네킹〉 〈현진영 Go 진영 Go〉

　　　〈흐린 기억속의 그대〉 등

이수만과 유영진의 운명적 만남

초기 SM이 의욕적으로 시작한 사업모델은 이미 해외에선 유행하고 있지만 한국에선 시기상조인 장르의 음악을 소개하고 새로운 시장을 형성하면서 큰 반향을 일으켜 보겠다는 기획 하에 만들어졌다. **힙합이란 장르로 등장한 현진영이 이 사업모델에 해당한다. 한편 SM은 안정적인 기획사로 보일 수 있게, 연예인을 두루 영입한다.** 이 라인업을 구체적으로 보자면 MC 이홍렬과 김승현, 코미디언 신동엽, 그리고 가수 한동준, 김광진이 있다.

현진영이 1, 2, 3집을 발매하는 동안 1991년 한동준 1집과 1992년 김광진 2집이 발매된다. 노래 실력뿐만 아니라 작사·작곡 능력까지 갖추고 있던 김광진은 나름 촉망받는 인재라고 여겨졌을 것이다. 하지만 두 가수는 모두 실패를 맛본다. 상심한 두 가수를 비롯해 다른 연예인들은 현진영이 3집 때 저지른 마약 사건으로 SM이 경제적으로 정신적으로 크게 흔들리는 것을 보고는 이수만과 결별한다. 한동준과 김광진은 SM을 나온 후 이름을 날리는 가수가 되고 그 밖의 연예인들도 승승장구한다. 이러한 점을 볼 때 이수만의 사람을 볼 줄 아는 능력은 여러모로 인정해야 할 듯싶다.

그 힘든 시기에 이수만은 운명적 만남을 가진다. 현 SM 엔터테인먼트의 이사이자 명실상부한 2인자 유영진을 만나게 된 것. 유영진 역시 당시에는 대중화되지 않았던 R&B(리듬 앤 블루스)라고 하는 흑인음악에 심취해 R&B 가수를 꿈꿨지만, 여건이 따라주지 않았다. 가뜩이나 지방 출신인 유영진이 R&B의 꿈을 좇을 때 얼마나 많은 사람의 비웃음을 샀겠는가? 그의 포기 없는 집념은 댄스로 표현되기 시작한다. 갈고 닦은 댄스 실력으로 방송국 무용단에도 몸을 담아봤지만 여의치 않았다. 그러고는 당시 이태원 문나이트의 구준엽, 강원래, 양현석 등과 어울리게 된다. 그 시간도 잠시, 유영진은 군대에 가게 된다. 그럼에도 그의 음악을 향한 열정은 끝나지 않았다. 그는 군예술단 무용 파트에 근무하면서 각종 악기를 만져보고, 내친김에 작곡을 공부한다. 제대할 무렵에는 무려 120여 곡의 창작곡이 있었다. 이때 그는 우연히 펼쳐 든 한 잡지에서 SM 기획의 가수 지망생 모집광고를 본다.

그는 주저하지 않고 자신이 만든 곡을 가지고 이수만과 만난다. 이수만은 그가 갖고 온 데모테이프를 듣곤 더 없냐고 물었다. 이에 유영진은 다음 날 10곡의 자작곡을 더 갖고 가서 이수만에게 들려주고, 그 다음 날에도 10곡을 가지고 가서 이수만을 감동시켰다. 이틀간 밤새워 만들어 온 그의 데모테이프가 이수만의 마음을 연 것이다. 유영진의 열정과 신의를 높이 산 이수만은 그와 전속가수 계약을 체결한다. 최고의 프로듀서와 가수가 만나는 순간이었다. 후에 이 둘은 대한민국 음악 산업의 역사를 새로 쓰게 된다.

포스트 현진영을 찾아라!

현진영 3집 발매 중의 필로폰 혐의 사건은 이수만을 패닉에 빠뜨렸다. 선주문으로 받은 앨범 40만 장을 폐기처분한다는 것은 파산 선고나 다름없었다. **사태를 수습하고 새로운 가수를 대중에게 선보여야 하는 절체절명의 타이밍에 마땅한 가수가 없었다는 것도 문제였다.** 짧긴 해도 그간 SM이 걸어온 길을 살펴보자면, 그가 주력으로 기획했던 음악적 장르는 주로 한국에서 대중화가 안 된 음악이었다.

그중 첫 번째가 힙합이었다. 현진영 이후 여러 힙합그룹이 생겨났고, 1993년만 해도 힙합은 이미 선풍적인 인기를 얻고 있었다. 이수만은 현진영의 공백을 메울 수 있는 가수를 찾아 음반작업을 해야 했다. 그리하여 이수만이 내린 결정은 리듬 앤 블루스, 즉 R&B였다. 그는 오디션 때부터 자신에게 열정과 노력을 보여준 유영진을 다음 가수로 정한다. 힙합이 그랬듯, 아직 우리나라에선 생소한 R&B를 대중에게 어필하고자 하는 기획은 큰 모험이었다. 그럼에도 불구하고 지금은 한국 R&B의 전설이 된 솔리드의 〈이 밤의 끝을 잡고〉와 같은 시기에, 유영진은

〈그대의 향기〉를 불렀다. 인기의 온도 차는 있었지만, 유영진은 한국에서 솔리드
와 함께 R&B의 효시 격이라고 해도 전혀 무리가 없을 듯싶다.

하지만 가수 유영진에 대한 시장의 반응은 뜨겁지 못했다. 그의 노래 실력이나 안
무 솜씨와는 별개로 가수로서는 커다란 족적을 남기지 못한 것이다. 한 가지 주
목할 점은 그의 백댄서로 당시 SM 연습생이던 강타와 문희준이 활동했다는 것.
이는 후에 수렁에 빠진 SM을 건져내는 H.O.T.의 전조로 봐도 좋다.

유영진의 데뷔에도 시장 반응이 뜨겁지 않자 이수만은 또 다른 가수들을 서둘러
영입한다. 1993년 하반기 오디션을 통해 찾은 록커 출신 임범준과 서연수를 '메
이저'란 이름을 붙여 내놓는다. 이 2인조 그룹은 유영진보다 훨씬 성과가 좋았으
나, 본격적인 활동을 시작할 무렵 뜻하지 않은 장애물에 부딪힌다. 바로 이들의
의상과 헤어스타일에 방송국이 제재를 건 것이다. 품행을 단정히 하라는 명령에
록커 출신인 이들은 그 제안을 결코 받아들일 수 없었고 그룹은 소멸하기에 이른
다. 낙심할 새도 없이 이수만은, 기타를 치며 댄스를 하는 개성 강한 남성 2인조
그룹 'J&J'를 데뷔시킨다. 재미교포 출신인 이들로 다시 가요시장을 노크해 보지
만 결과는 참담했다.

현진영 이후 그의 공백을 메우려던 이수만의 노력은 참담한 결과를 가져왔을 뿐

이다. 결국 SM 설립 멤버였던 작곡가이자 프로듀서인 홍종화가 회사를 떠나게 된다. 이수만이 미국 유학에서 귀국했을 때 재기 앨범을 만들었을 뿐만 아니라 이후 현진영을 비롯한 SM의 모든 가수들 음반의 프로듀서를 담당한 그가 회사를 떠나면서, SM은 이제 새로운 색깔의 기획사로 거듭난다. 여기서 흥미로운 점은 이수만의 의외의 선택이다. 명망 있거나 유명한 가수들을 만들어 내는 사람을 모셔오는 게 아니라, 가수로도 데뷔하긴 했지만 열정과 노력에서 이수만을 감동시켰던 바로 그 유영진에게 SM의 작곡가이자 프로듀서라는 중책을 맡기는 모험을 감행한 것이다.

SM 퀴즈

이수만이 월미도에 세운 카페의 이름은?

1. 샤르트르
2. 헤밍웨이
3. 톨스토이
4. 솔제니친

chapter

3

/06

음반시장에서 아이돌이란 항로를 개척한 이수만

시류에 민감한 이수만의 촉은 그 당시 유행을 이끌던 것을 적극적으로 벤치마킹 하는데 처음에는 '바비 브라운', 그 다음은 '서태지와 아이들'의 사회성 짙은 음악, 그리고 이제 SM을 완성하게 되는 '뉴키즈 온 더 블록'의 아이돌 시스템이다.

아이돌_개척

한국 최초의 아이돌 그룹

80년대 미국 팝시장은 불황에 빠져 있었다. 이때 불황을 타개하기 위해 만들어진 그룹들이 있다. 바로 아이돌 그룹이다. **아이돌 그룹은 기획 그룹이라고 이해하는 것이 가장 편한데, 음반 프로듀서가 특정 관객을 타겟으로 기획하여 외모, 가창력, 댄스 능력 등을 종합해 한 팀으로 만들고 연습을 시켜서 데뷔하는 시스템이기 때문이다.** 이렇게 만들어진 아이돌 그룹은 당시 세계적으로 선풍적인 인기를 끌었는데, 대표적으로 모리스 스타가 발굴해 키워낸 아이돌 그룹 '뉴키즈 온 더 블록'이 있다. 80년대 후반 바비 브라운에 관심을 갖고 벤치마킹을 해 현진영을 데뷔시켰듯, 이수만은 세계적 추세인 아이돌 그룹에 관심을 갖는다. 그 직접적인 동기는 바로 1992년 뉴 키즈 온 더 블록 내한공연일 것이다. 1992년 그들이 4집 앨범을 발표하고 내한공연을 할 때 수많은 팬이 한꺼번에 몰려 사상사고까지 날 정도였고, 그 여파로 수많은 공연이 취소되었다. 당시 해외 아이돌 그룹에 대한 한국 팬들의 관심과 열정은 상상을 초월했다. 사실 1992년에만 한국의 팬들이 외국 가수에게 열정적인 반응을 보낸 것은 아니다. 이미 언급했지만, 1969년

클리프 리차드 내한공연 때도 온 나라가 들썩이면서 충격을 주었던 걸 생각해본다면, 수십 년 세월의 차이 속에서도 뮤지션을 향한 팬들의 열정이나 사랑의 본질은 하나도 변하지 않았다.

이수만은 이 본질을 놓치지 않았다. 시류에 민감한 이수만의 촉은 당시의 유행을 적극적으로 벤치마킹 하는데, 처음에는 '바비 브라운', 다음은 '서태지와 아이들'의 사회성 짙은 음악, 그리고 '뉴키즈 온 더 블록'의 아이돌 시스템이다. 이수만이 처음 벤치마킹을 하고자 했던 바비 브라운도, 그다음 대상이었던 뉴 키즈 온 더 블록도, 모리스 스타가 만든 아이돌이라고 하니 이수만과 모리스 스타와의 관계는 일방적이긴 해도 떼려야 뗄 수 없을 것이다. 그리고 이 모리스 스타에게서 두 번째로 벤치마킹한 것이 결국 한국적 아이돌을 만들어 완성시키는 기본적 뼈대가 된다.

아이돌을 만드는 건 결코 쉽지 않다. 성인이 되기 전의 아이를 데려와 트레이닝을 시킨 다음 대중적인 가치를 극대화 해 데뷔를 시켜야 하는 것이다. 지금이야 거의 모든 기획사에서 이러한 시스템으로 회사에 맞는 구체적인 트레이닝을 진행하지만, 1994년 SM은 시스템의 미숙으로 크게 낙담하지 않을 수 없었다. 현진영 이후에 유영진, 메이저, J&J가 가수로 데뷔했지만 성공하지 못했던 것이다. 나름 SM 연습생이라고 있는 강타, 문희준 이외에는, 소위 사람들의 이목을 끌기 위해 장정된 총알이 전혀 없는 상태였다. 다만 이들은 유영진 뮤직비디오의 백댄서로 현장 경험을 쌓아 놓은 상태였고, 나머지 멤버들을 발굴해내 트레이닝을 시키면 가능성이 있었다.

당시 이수만에게는 새로운 트라우마가 자리 잡고 있었다. 가수가 아무리 음악적으로 훌륭하고 대중적으로 인기가 높아도 인성이 좋아 보이지 않으면 인기는 물거품과도 같고 정상에서 바닥으로 하루아침에 굴러떨어질 수 있다는 것. 그래서 H.O.T.를 준비하던 때는 관리와 감독을 철저히 한다. 당시 정해익 대표이사는 연습생들과 함께 숙소생활을 하면서 모든 사생활을 직접 지도·감독하게 되는데, 지금의 아이돌 연습생 시절의 합숙소 운영이 여기에서 나온 게 아닌가 싶다.

드디어 중소기획사 SM의 마지막 희망인, 한국의 최초 아이돌 H.O.T.가 데뷔를 한다. 앨범 타이틀곡은 〈전사의 후예〉로, 무게감 있고 사회비판적인 내용이 담겨 있었다. 또한 이 곡은 유영진의 역작이자, SMP의 시작이 되는 곡이다. 하지만 화려한 데뷔 후 〈전사의 후예〉는 표절 시비에 휘말리면서 큰 반향을 일으키진 못했다. 그럼에도 발 빠르게 내놓은 가볍고 경쾌한 노래 〈캔디〉가 폭발력을 내뿜으며 한국 최초의 아이돌 그룹이라는 명성에 맞는 인기를 누리기 시작한다. 지금과 같이 글로벌한 홍보 없이도 자생적인 마니아 팬층이 아시아 전역에 생겨나며 본격적인 한류가 시작된 것이다.

최초의 팬덤 문화가 생기다

흔히 말하는 팬이란 무엇인가? 사실 팬은 어디에든 있다. 몇 번 언급했지만 클리프 리처드가 내한했을 때 그의 팬들이 광란에 가까운 행동을 보였고, 80년대 오빠부대를 몰고 다닌 조용필은 소녀 팬의 원조라 할 수 있으며, 90년대 홀연히 나타나 십 대들의 대통령이 된 서태지와 아이들도 무시무시한 극성팬들이 있었다. **그렇다면 이미 존재했던 팬들과 지금 이야기하려는 팬덤 문화와는 무엇이 같고 무엇이 다른 것인가?**

서태지와 아이들과 H.O.T. 차이를 조금 더 깊이 생각해 보면 이해하기가 쉬울 듯하다. 힙합이라는 음악장르를 기본으로 활동하는 뮤지션에다가 옷차림도 크게 다를 바 없고 춤도 잘 추면서 노래까지 하는 그룹인 것은 똑같다. 하지만 내부를 보면 본질적으로 다른 것이 있다. 예를 들어 보자. 감독이 주도해서 만든 영화를 작가주의 영화라고 한다. 박찬욱, 이창동, 김기덕, 홍상수 등의 감독군이 여기에 속한다. 영화의 제작사와 투자사가 처음부터 관객을 끌어모아 수익을 낼 목적으로 만드는 영화들도 있다. 물론 전자의 감독들도 최소한의 관객이 들어 적자는 보지 말아야 한다는 마지노선 개념은 가지고 있다. 그럼에도 돈을 벌기 위해 만들어진 영화인지, 감독의 작가정신을 발현하기 위해 만들어진 영화인지는 단번에 알 수 있다.

그렇다면 위에서 예를 든 서태지와 아이들과 H.O.T. 간의 차이가 대략 감이 잡히는가? 그렇다. 서태지와 아이들과는 다르게 H.O.T.는 이수만이 현진영 이후 많은 앨범을 내고 수많은 시행착오를 겪고 새롭게 다져 나가면서 칼을 갈듯 기획을 해서 만든 아이돌 그룹이다. 이수만은 서태지와 아이들이 청소년에게 미치는 어마어마한 영향을 직접 목격했고 그 하나하나를 분석했다. 직접 청소년들과 이야기하고 그들이 원하는 새로운 뮤지션에 대해 밑그림을 그렸다. 그리고 서태지와 아이들이 은퇴를 하면서 그의 계획은 하나씩 이뤄지게 되는데, 그 결과물이 바로 H.O.T.다.

이수만은 각 멤버마다 닉네임과 고유의 색을 붙여서 활동하게 했는데 이 전통은 현재의 EXO까지 이어진다. H.O.T. 각각의 닉네임과 색을 어떻게 명명했는지 살펴보자. 문희준은 유머가이(Humor) 노랑, 강타는 핸섬가이(Handsome) 초록, 장우혁은 터프가이(Tough) 파랑, 토니안은 무드가이(Mood) 빨강, 이재원은 샤이가이(Shy) 초록으로 포장했다. 이제 팬들이 그룹의 모든 멤버를 다 좋아할 필요가 없어졌다. 취향에 따라서 한 명을 좋아하던 두 명을 좋아하든 상관없게 만든 것이다.

서태지와 아이들 팬클럽과 H.O.T. 팬클럽의 가장 큰 차이는 그룹의 주체가 팬클럽을 어떻게 바라봤느냐이다. 서태지와 아이들의 기획자는 서태지 자신이고 그 자신이 뮤지션이었다. 반면 H.O.T.의 기획자는 이수만이고 그는 한때 뮤지션이었지만, 당시엔 음반 프로듀서이자 고도의 마케팅 전략을 이용해서 수익을 내야 하는 경영자였다. 더구나 현진영 이후 가요계에서 제대로 주목받는 신인을 배출하지 못했고, 재정적 위기상황에 봉착하기도 했으니 팬클럽과 같은 단체를 그냥 보아 넘길 리 없었다.

일단, 극성팬이라고 하면 서태지와 아이들 팬을 먼저 꼽아야 할 것이다. 당시 우리나라 청년문화를 바꾼 이들이었으니 그 영향력은 어마어마했다. 일전에 모 TV에 출연한 명사는 본인의 사춘기 시절 서태지와 아이들의 〈컴백 홈〉을 듣고 가출을 그만두고 집으로 귀가하여 마음을 잡게 되었다고 했다. 이처럼 그들의 팬은 단순히 팬클럽을 중심으로 형성되지 않았다. 청소년들 거의가 그들의 팬이었다고 봐도 무방하다. 초창기에는 'IVY' '요요' 등 팬클럽이 생기며 회비도 걷었던 모양이지만, 서태지와 아이들이 특정한 모임만 혜택을 줄 수 없다고 하여 유명무실해졌다. 그 후 서태지와 아이들 팬들은 자생적으로 모여 일종의 팬덤을 형성하면서

'공연윤리 심의제' 같은 검열 철폐 운동까지 하게 된다.

하지만 본문에서 다루는 팬덤 문화는 서태지와 아이들의 그것과는 양상이 다르다. 서태지와 아이들이 은퇴한 뒤 H.O.T.라고 하는 새로운 아이돌 그룹이 서태지와 아이들을 대신해서 팬들의 욕구를 채우기 시작하면서 그에 따른 팬클럽이 생겨나기 시작했다. 이수만은 우선 자생적으로 생긴 전국의 H.O.T. 팬클럽 34개를 통합해 중앙조직인 'CLUB H.O.T.'를 만들었다. 이 팬클럽의 규모에 대한 집계가 존재하는데, 최다 회원수 15만 명, 비공식 팬클럽 25만 명이라는 어마어마한 규모였다. H.O.T.의 멤버였던 문희준이 한 TV 프로그램에서 말한 바에 따르면, 전성기 시절 때 H.O.T. 팬클럽의 전체 규모는 공식으로 78만, 비공식으로 158만이었다고 한다.

이렇게 생긴 팬덤 문화는 기존과 전혀 달랐다. 가수 신승훈 팬들이 흰색 풍선을 이용하는 것을 빼면 거의 모든 아이돌 그룹의 응원 풍선 색은 흰색이 아니었다. 흰색은 H.O.T.의 상징이기 때문이다. 이때부터 현수막, 플래카드 등을 적극적으로 펼쳐 들면서 팬들은 열성을 보여주었다. IMF 사태가 한창이던 1997년 모든 산업분야가 타격을 받고 절대 흔들릴 것 같지 않았던 대기업들이 하나둘씩 쓰러져가는 형국에 SM은 새로운 음반을 발매한다. H.O.T. 2집. H.O.T. 팬덤이 이미 전국 곳곳에 뿌리 깊게 자리하고 있었고 어마어마한 팬들이 결집해 있었기 때문에 자신이 있었다. 그렇게 발매된 2집은 밀리언셀러가 되었다. 드디어 1997년 9월 21일 서울 올림픽 체조경기장에서 역사적인 팬클럽 1기 창단식을 개최하면서 당일만 1만 5천여 명의 팬들을 집결시켰다. 음악 산업의 기획사가 대중을 사로잡는, 그 누구도 상상하지 못했던 역사적인 순간이다.

H.O.T.

1996년~2001년 / SM 엔터테인먼트 / 남성 5인조

맴　버 : 문희준(리더, 보컬), 장우혁(랩), 토니안(보컬, 영어랩),

　　　　강타(메인 보컬), 이재원(랩)

앨　범 : − 정규 1집 〈We Hate All Kinds of Violence〉 1996년

　　　　− 정규 2집 〈Wolf and Sheep: 늑대와 양〉 1997년

　　　　− 정규 3집 〈Resurrection: 부활〉 1998년

　　　　− 라이브 앨범 〈Greatest H.O.T. Hits−Song Collection Live Album〉

　　　　　1999년

　　　　− 정규 4집 〈I yah!: 아이야!〉 1999년

　　　　− 라이브 앨범 〈99 Live In Seoul〉 2000년

　　　　− 비정규 앨범 〈Age of Peace OST: OP.T〉 2000년

　　　　− 정규 5집 〈Outside Castle〉 2000년

　　　　− 라이브 앨범 〈H.O.T. Forever − 2001 Live Concert In Seoul Olympic

　　　　　Stadium〉 2001년

대표곡 : 〈전사의 후예〉〈캔디〉〈행복〉〈빛〉〈아이야〉 등

SMP(SM MUSIC PERFORMANCE)란?

SM 출신 아이돌들의 특징은 무엇일까? 살펴보면 다른 그룹들과 여러 가지 차별점을 발견할 수 있다. 그중 하나는 음악적 특색이다. SMP(SM MUSIC PERFORMANCE)라는 세 글자의 영문스펠링에 그 답이 숨겨져 있다.

아이돌의 노래라면 당연히 쉽게 들리고 쉽게 따라 부를 수 있다고 생각할 것이다. 예를 들어 원더걸스가 불러서 크게 유행했던 〈텔미〉, 〈노바디〉만 봐도, 한 번만 들어도 후렴구가 잊히지 않을 정도이고 세 살부터 여든까지 온 국민이 잘 따라 부를 수 있는 구성으로 만들어졌다.

앞에서 말했듯이 유영진은 당시 SM에서 작곡과 프로듀싱을 맡게 되었고, 그 첫 번째 프로젝트가 바로 H.O.T.였다. 이들의 첫 노래를 살펴보면 SMP의 유래에 대해 이해하기 쉬울 듯하다. 〈전사의 후예〉라는 데뷔곡을 살펴보자. 이 곡이 아이돌 그룹이 부르기에는 다소 무거운 사운드로 이뤄졌다는 것은 누구나 다 동의하는 포인트이다. 철저한 기획과 마케팅을 통해 아이돌로 설계된 그룹이, 사회비판적이면서 음울한 분위기의 음악을 대중에게 선보이는 것은 이수만이 선택한 또 다른 모험이었다. 그 모험은 그다지 성공했다고 볼 수 없다. H.O.T.가 대중적 인기를 끌 수 있었던 노래는 두 번째로 나왔던 〈캔디〉이다. 데뷔곡인 〈전사의 후예〉보다 훨씬 가볍고, 대중이 쉽게 받아들일 수 있는 곡으로 아이돌 그룹이 부르기에 손색이 없었다. 이러한 곡의 발랄함이 소위 말하는 대박으로 이어진 것이다. 하지만 만약 이수만과 유영진이 〈캔디〉로 만족했다면 지금 회자되는 SMP는 결코 등장하지 못했을 것이다.

이때부터 SMP의 계보가 탄생하게 되는데, 이 계보가 SM이 다른 기획사와 차별되는 결정적 지점이라고 할 수 있다. 초창기(정통) SMP라고 이야기할 수 있는 음악은 주로 H.O.T.와 신화가 불렀다.

당시 SMP는 주로 사회비판적인 가사와 기타사운드 그리고 강력한 비트를 이용했다. H.O.T.의 〈아이야〉에 나오는 가사를 보자. "그래 우리가 만든 헌장대로 지켜진 게 뭐가 있는가? (없다 없다) 그들은 소외당하고 무시당하고 보호받지도 못하고…" 통렬한 사회비판의 메시지가 들어있다. 서태지와 아이들의 영향을 받은 것이 분명해 보인다. 동방신기, EXO가 이 SMP의 계보를 이었다.

초창기의 정통 SMP와 조금 결을 달리하는 소프트한 SMP도 시대의 요구에 따라 나오게 되었는데, 이는 정통 SMP에 비해 가사가 덜 사회비판적인 반면 조금 난해하다. 소프트 SMP를 부르는 SM의 그룹은 소녀시대, 샤이니, f(x) 등을 꼽을 수 있는데, 여기서 샤이니가 부른 〈아미고〉를 살펴보자. "돌아봐 멈춰봐 내게 기회 줘야 돼 속빈 男, 허세 男, 비교 말아, 나는 완소 男 아미고..." 정통 SMP와 가사를 비교해 본다면 그야말로 격세지감이다. 여기에 일렉 기타 사운드가 예전같이 노래를 리드하지도 않고 오히려 가수들의 보컬이 강조되고 있다.

사실 SMP라고 하는 표현도 정확한 정의가 내려진 게 아니지만 SM의 식별코드로는 적절하다고 생각된다. 일선에 한 화장품 광고에서 쓰였던 동방신기의 〈왜〉라는 곡을 떠올려보면, 왜 SM만의 지문인식 같은 음악이 나름 가치가 있다고 생각되는지 알 수 있다. 누구든 동방신기의 〈왜〉를 들었을 때, 도대체 이 음악의 정체는 뭐지? 라고 의문을 가질만하다. 하지만 노래를 들을수록 이국적인 멜로디를 느끼고, 그들의 율동 등을 보면서 나름 이해할 수 있을 것이다. 결국 SMP는 SM 소속 아이돌의 음악을 처음 대하는 사람이든, 이번에 어떤 그룹이 어떤 SMP를 갖고 나온다는 것까지 훤히 아는 팬이든, 확연히 인지할 수 있는 SM의 정체성 같은 것이다. 또한 SMP가 진화할수록 그들이 지향하는 음악세계까지 확대되는 것을 볼 수 있다.

SMP의 또 다른 측면은 SM이 자랑하는 칼군무이다. 보통의 댄스음악에서 쓰이는 비트로 음악을 만들면 발랄한 댄스가 따라온다. 이는 평범한 아이돌 그룹이 일반적으로 부르는 노래와 안무이다. 이에 반해 SM은 칼군무를 개발해 SMP으로 훌륭히 편입시켰다. 때론 부담스런 곡의 진행이나 과도한 악기의 사용 등이 단점으로 지적되지만, 수정의 수정을 거듭한 현재의 전략으로서는 최선이다.

EXO를 보더라도 SMP가 현재에도 유용하게 쓰이고 있다는 것을 알 수 있다. 그들의 데뷔곡 〈MAMA〉만 보더라도, 이제 유효시한이 다 되지 않았을까 생각했던 정통 SMP의 면모를 볼 수 있다. SMP는 SM의 모든 그룹을 연결시켜주는 보이지 않는 실과 같은 것이고, 유영진이 H.O.T.의 노래를 만들어 낸 그 순간부터 현재까지의 타임라인인 것이다. 이수만과 유영진의 꿈을 그들의 기획 속에 녹여낸 것이라 할 수 있다.

해체되는 H.O.T.와 정해익

1993년 현진영 사태 이후 SM은 비상체제로 들어가야 했다. 그 후, 제2의 현진영을 만들어 보겠다고 이수만이 내놓은 가수들은 대중들에게 또렷한 기억 하나 제대로 남기지 못한 채 묻혀갔다. 이제 SM에는 연습생 강타, 문희준 등이 있을 뿐이었다. 이들이 H.O.T.가 될 때까지 동고동락을 해온 사람이 있었으니 그가 바로 정해익이다. 정해익은 체신공무원 출신으로, 한때 SM에서 기획을 맡아 일하던 최진열에게 발탁되었다. **정해익은 SM이 몰락의 길로 들어서는 것처럼 보이는 이유가 소속사 가수들의 사생활 관리를 제대로 하지 못했기 때문이라고 생각했다.** 그리하여 H.O.T. 때부터는 통제와 감시를 하는 시어머니 역할을 자처하고 나선다.

H.O.T.가 전성기를 맞이하면서 이수만은 크게 한숨 돌렸고, 이제 승승장구할 일만 남은 듯했다. 하지만 성공과 실패는 디테일에서 갈린다고 했던가? 2001년이 되자 H.O.T. 멤버들의 재계약 문제가 불거졌다. 늘 그렇듯 갑과 을은 다른 생각을 갖고 있다. 먼저 이수만의 입장에서 생각해보자. 그는 SM을 재기시켜주었으

며 수십 만의 팬덤까지 가지고 있는 H.O.T.를 해체할 리가 만무했다. 오히려 이제 막 스타가 된 이들을 어떻게 더 키워 갈지에 대한 고민이 있었을 것이다. 하지만 H.O.T. 멤버들은 달랐다. 더군다나 그들은 한 명이 아니었기에 5명의 멤버가 제각기 다른 생각을 했을 것이다. 심지어 이들 5명의 재계약 만료 시점도 제각각이 었다. 토니안과 장우혁은 2001년 3월 4일, 이재원은 2001년 4월 1일, 문희준과 강타는 2002년 1월과 2월에 계약 만료를 앞두고 있었다.

한편 정해익은 '현진영과 와와' 때부터 로드 매니저로 일하며 바닥부터 일을 배웠다. 거기에 H.O.T.를 성공시킨 이력까지 갖게 되자 그 위상이 엄청나게 커졌다. 1998년 그의 결혼식은 연예인 결혼 못지않게 하객이 화려해 화제가 되기도 했다. 연예계 안팎 모든 직종의 사람이 몰려 마치 스튜디오와 출연자 대기실을 옮겨 놓은 듯했다. PD, 방송작가, 코디네이터를 비롯해 이벤트 광고 회사, 항공사, 여행사, 호텔, 경호업체 직원 등 스타를 필요로 하는 사람 수백 명이 장사진을 쳐 '정해익이 스타 뒤의 진짜 스타'라는 말이 나올 정도였다.

그런 정해익도 SM을 떠났다. H.O.T. 멤버들도 SM을 떠나지 않을 거라 생각하면 큰 오산이었다. SM과 H.O.T. 사이의 가장 큰 문제 중 하나는 계약 사항이었다. 나중에 알려진 사실이지만 수백만 장의 앨범을 팔고도 실상 멤버들에게 돌아간 돈은 한 앨범당 20원이었다. 이는 '갑'의 횡포라고 밖에 할 수 없었다. 재계약 시점이 도래할 무렵 SM 안팎은 크게 요동치고 있었다.

90년대부터 태동하기 시작한 문화산업은 당시 급격히 파이를 키워가고 있었다. 한국영화의 르네상스라고 할 수 있는 90년대 중반부터 한국영화는 예술에서 산업으로 탈바꿈되고 있었으며, 이미 금융자본이 영화산업으로 투자되고 대기업들도 앞다투어 진출했다. 연예 매니지먼트 산업도 주먹구구식으로 사람장사를 하던 시기를 지나, 본격적인 기업형 매니지먼트 시스템이 도입되어 연예인마다 전략을 세워서 접근했다. 이때 아주 큰 지각변동이 일어나게 되는데, 기업의 인수합병 등으로 종합적인 엔터테인먼트 그룹이 생겨나게 된 것이다.

〈모텔선인장〉〈8월의 크리스마스〉〈처녀들의 저녁식사〉 등의 영화를 제작한 우노필름의 차승재. 전지현, 정우성, 장혁 등의 배우를 라인업으로 매니지먼트를 한 정훈탁. 그리고 SM의 전 대표이사이자 1등 공신 정해익. 이 세 사람이 모여 큰일을 낸다. 로커스홀딩스라는 모회사를 만들어 싸이더스의 대주주가 되는 형식으로 큰 판을 벌인 것이다. 정해익은 SM을 그만두고 잠시 다른 사업을 하게 되는데, 적성에 안 맞았는지 실패를 했는지는 몰라도 이후 다시 본업인 음반기획자로 돌아온다.

그 첫 번째가 바로 박진영의 프로듀싱으로 탄생한 god이다. 원래 god의 소속은 당시 정훈탁이 소유하고 있던 EBM으로, 그 회사에서 god는 1집을 발매했다. 1집에는 〈어머님께〉라는 팬들에게 각인된 노래가 있었지만 시장에서 그다지 큰 반향이 없는 상태였다. 2집을 발매하면서 비로소 시장에서 인정을 받는 그룹이 된다. 그리고 정해익이 god 3집 앨범을 주도하게 되었고, 이 god 3집으로 이들은 국민그룹으로 발돋움한다.

공교롭게도 정해익이 만든 god 3집은 H.O.T. 5집과 경쟁을 하게 되는데, 성공과 실패를 앨범 판매 수가 말해주는 냉정한 시장에서 180만 장과 87만 장이라는 뚜렷한 승부의 결과가 나온다. 이로써 정해익은 SM을 위협할 수 있는 가장 무서운 경쟁업체의 수장이 되어 있었다.

2001년 2월 27일 H.O.T.는 잠실에서 공연을 개최한다. 그간 수없이 떠도는 해체설 때문에 이번이 그들의 마지막 공연이 될 수 있다고 생각한 팬들이 대거 집결한다. 단 1회 공연에 5만 명의 팬들이 결집한 것이다. 이날 이수만은 "H.O.T.의 해체는 생각하지 않고 있다. 현 멤버를 그대로 유지하면서 개별 활동도 병행하는 방식을 취할 것이다."라는 취지의 발언을 하며 팬들을 안심시킨다.

하지만, 정작 멤버들은 여러 가지 생각 속에서 각자의 길로 떠날 준비를 하고 있었다. 강타와 문희준은 SM에 그대로 남기로 하고 나머지 멤버 장우혁, 이재원, 토니안은 'jtl'이란 그룹을 만들어 공교롭게도 정해익이 대표로 있는 회사의 소속이 된다.

첫 여자 아이돌 S.E.S.

지금과 같은 인터넷 전용선이 발달하기 전, 인터넷에 접속하려면 필수적으로 모뎀이라는 기계를 이용해야 했다. 당시 인터넷 연결 속도를 지금 이야기 한다면 못 믿을 정도이다. 그도 그럴 것이 모뎀을 통해 전화를 걸어 연결하고, 인터넷을 연결하면 집 전화는 불통되는 그런 환경이었다. **마침 필자가 해외 생활을 하던 차에 어느 날 인터넷에서 귀에 확 들어오는 노래를 듣게 되었다. 노래 제목은 〈i'm your girl〉, 부른 가수는 S.E.S.**

당시 세계적 음악시장의 조류를 한번 살펴보자. 90년대 중반부터 세계적 음악 트렌드를 이끄는 큰 물결 중 하나는 바로 걸그룹이었다. TLC, 스파이시 걸스 등 전 세계적으로 커다란 인기를 얻으며 활동했던 그룹들이 있었지만, 한국 상황은 그와는 정반대로 흐르고 있었다. 대중들은 걸그룹 자체를 알지 못했고 당연히 관심도 없었다. 몇몇 혼성 그룹을 제외하고는 걸그룹은 거의 없다시피 했다. 당시 여러 기획사에서 몇몇 걸그룹을 데뷔시켰지만, 그들의 보수적인 투자와 기획은 대중들에게 철저히 외면을 받고 있었다. 예쁜 얼굴의 소녀들이 하늘하늘한 움직임 속에서 미소를 지어내기만 하면 대중과 소통할 수 있다고 판단했던 것이다. 가수가 갖고 있어야 할 기본적 훈련이 되지 않은 채 섣부르게 기획을 한 결과, '걸 그룹은 안 된다'라는 선입견만 심어준 상황이었다.

기획적 측면에서 이야기를 해보자면 필자가 몸담고 있는 영화 쪽도 마찬가지다. 여러 가지 재밌는 일화를 통해 상황을 전할 수 있겠다. 특정 장르 영화에 대해서는 아직도 보수적인 시각을 갖고 제작과 투자를 하는 경향이 다분하다. 예를 들면 십여 년 전에는 한국에서 공포영화는 절대 흥행 할 수 없다고 회자되었다. 대중들이 공포를 좋아하지 않는다는, 확인되지 않은 이야기를 해도 아무도 반론을 제기하지 못했던 것이다. 2003년 〈장화, 홍련〉이 개봉되기 전까지 그러했다. 〈장화, 홍련〉은 기존의 공포영화와는 확연히 달랐다. 기존의 공포영화가 가지고 있던 요소를 최대한 없앴다. 〈장화, 홍련〉은 귀신을 현실이 아닌 환상 속에서만 등장시켰다. 그리고 심리적 공포의 공간을 극대화하기 위해, 주요 무대가 되는 집안의 모든 가구며 벽지를 유럽에서 직수입해 새로운 공간을 창조해 냈다. 이러한 차별성은 사람들에게 공포영화도 잘 만들면 관객들이 반응할 수 있다는 생각을 심어주는 결과를 가져왔다. 〈장화, 홍련〉은 할리우드에 리메이크 판권이 팔려 미국에서 다시 제작되었고(흥행은 실패했지만), 원작에서 영화미술 콘셉트를 그대로 차용했다.

이수만의 기획 전략이 바로 앞에서 언급한 차별화 전략과 맞닿아 있다고 할 수 있다. 우선 당시 한국에서 유행하고 있는 음악의 장르와 뮤지션을 분석한다. 그후 그 분석 위에서 조금의 위험부담을 감수하더라도 시장의 트렌드를 이끌 수 있는 전략을 만든다. 예를 들어 초창기 현진영을 데뷔시킬 때는 토끼춤의 상징인 바비 브라운을 벤치마킹했으며, 그 다음 H.O.T는 한국 최초의 아이돌 그룹을 만든다는 전략 하에서 뉴 키즈 온 더 블록을 벤치마킹했다. 거기에 서태지와 아이들의 음악적 정서를 조금 담아냈다.

이수만은 걸그룹이 결코 인기가 없다고, 안 될 거라고 생각하지 않았다. 단지 뮤지션으로서의 완성도가 떨어지기 때문이라고 생각했다. 그는 H.O.T가 한참 활동을 하고 있을 때 걸그룹을 준비시키고 있었다. 한국뿐만 아니라 일본, 중국까지 시장을 확보할 수 있는 그런 아이돌 그룹을 원했다.

우선 멤버를 어떻게 구성할 것인가에 대해 고민했다. 연습생 출신 멤버로 만든 H.O.T로 크게 성공한 그였기에, 기획에 대한 자신감을 바탕으로 서두르지 않고 준비했다. 2년 동안 무려 만 명의 후보생들을 대상으로 오디션을 보았다. 그동안 여러 연습생이 거쳐 갔는데, 그중에는 영원한 섹시 스타 이효리도 있었다. 잘 알려져 있다시피 이효리는 나중에 S.E.S와 경쟁하게 되는 '핑클'의 멤버가 된다.

이수만은 한국, 중국, 일본에서 그 나라의 언어를 능숙하게 구사하고 문화도 잘 아는 아이돌 걸그룹을 만들어 국경을 초월해 인기를 끌고자 했다. 그래서 한국을 대표하는 '바다', 영어권을 대표하는 '유진', 일본을 대표하는 '슈'를 포진시킨다. 안타깝게도 중국시장을 공략할 수 있는 멤버는 계약이 성사되지 못했다. 이제 이들을 기존의 걸그룹과 차별화 시키면서도, 우선 한국시장에서 성공적인 데뷔를 시켜야 할 과제가 남아 있었다.

일단, 차별화가 시급했다. '기존에 나왔던 걸그룹들이 반짝하고 금세 잊히게 된 이유는 무엇일까?'에 대한 답을 이수만은 알고 있었다. 당시 걸그룹을 살펴보면, 기본 이하의 훈련과 소질을 가지고 데뷔한 경우가 많았다. 팬들의 입장에서도 한눈에 알 수 있었다. 패셔너블한 옷차림과 예쁜 외모는 갖추고 있었지만, 가수가 지녀야 할 기본적 소질이나 재능이 부족했고 연습을 충분히 하지 않은 채로 데뷔하다 보니 뭐 하나 제대로 보여줄 수가 없었다. 데뷔와 은퇴가 악순환처럼 반복되고 있었다. 이해를 돕기 위해 당시 데뷔를 했다가 오래가지 않아 실패한 걸그룹을 살펴보자. 외형적으론 서태지와 아이들 콘셉트를 가지고 데뷔했던 걸그룹 '애플', 해외 진출을 본격적으로 추진했던 인형 같은 외모의 걸그룹 'SOS', 노래로 승부하려던 '에코', 스타일리쉬한 콘셉트로 화려하게 데뷔했던 '이뉴' 등 많은 걸그룹이 데뷔했다가는 곧 잊히게 되는 사이클에 속했다.

성공한 기획자의 발자취를 따라가다 보면 한 가지 특징을 발견할 수 있는데, 대중과 동떨어진 기획을 하지 않는다는 점이다. 파격적이지만 익숙한, 평범해 보이지만 비범한 기획이어야만 대중에게 신선한 충격을 주면서 친근하게 접근할 수 있다는 사실을 그들은 안다. 흔히 기획을 발명과 혼동하곤 하는데, 세상에 없는 획기적이고 파격적인 무엇을 만들어 낸다는 것은 기획을 만능으로 생각하는 인간의 허상이고 욕심이다. 다시 말해 기획을 하는 건 용기가 필요하지만 그 용기만큼 뒤따르게 되는 위험부담을 최소화시키는 것도 기획자 본인이어야 한다는 뜻이다.

1992년 데뷔하여 가요계에 어마어마한 충격을 준 서태지와 아이들을 살펴보자. 당시 한국 가요시장에 크나큰 충격을 주며 데뷔한 서태지와 아이들. 하지만 그들이 보여준 충격적인 안무와 의상, 음악 스타일은 우리나라에만 국한되어 있었다고 감히 말할 수 있다. 미국이나 유럽에서 데뷔했다면 그다지 충격적인 데뷔가 되진 못했을 것이다. 기획적 입장에서 말하자면, 우리나라에서는 소개된 적이 없는 파격적인 음악과 안무가 한쪽 날개이고, 해외에서 인정받은 대중성을 확보한 지점이 또 한쪽 날개로, 위험을 최소화했다고 볼 수 있다.

이미 현진영, H.O.T.를 성공적으로 데뷔시켜 기획에 대한 자신감을 얻은 이수만은 이제 한 차원 높은 소프트웨어적인 고민을 하기 시작했다. 어떤 노래를 부르는 걸그룹을 만들 것인가? 이미 칼군무와 파워풀한 안무를 혹독한 훈련을 통해 익히고 있는 만큼, 이제는 음악을 고르는 게 가장 큰 과제였다. 그동안 한국적 걸 그룹을 표방하고 나왔던 아이돌이 대중에게 어필하지 못했던 가장 큰 이유를 가창력 부족과 곡 선택의 실패 때문이었다고 봤기에, 특히 음악적 장르에 대해서 지속적인 연구를 진행했다. 그래서 결정한 음악 장르로, 기본적인 리듬과 톤을 TLC에서 많이 가져오고 나머지 디테일적인 면은 S.E.S.에 맞게끔 개성을 살리는 방향으로 결정한다.

지금도 유튜브에 남아있는 S.E.S.의 데뷔 무대를 보면 믿어지지 않을 정도로 완벽에 가까운 노래와 댄스, 의상이 눈에 띈다. 기존의 걸그룹이 보여줬던 이미지는 하나도 찾을 수가 없다. 오죽하면 타국에 있던 필자가 56k 모뎀을 가지고 S.E.S. 뮤직비디오를 보겠다고 수많은 기다림의 시간을 보냈겠는가? 그야말로 '오빠부대'가 탄생하는 순간이었다.

S.E.S. 일본 진출하다

H.O.T.가 한창 인기 절정일 때 이수만은 이미 걸그룹에 대한 구상을 하고 있었던 듯하다. 이수만은 한국에서의 인기에 만족하지 않고 해외시장을 노크하기 시작했는데, 그 결실로 H.O.T.를 중국시장에 처음으로 진출시켰다. 당시 중국에서는 H.O.T.로 인해 새로운 단어가 생겨났는데, 지금 우리가 흔히 쓰고 있는 '한류'라는 명칭도 이 무렵 베이징의 신문기자들에 의해 생겨난 것이다. 'H.O.T.의 노래를 **들어야 하는 사람은 교육 종사자들이다. H.O.T.의 노래에는, 현재 우리 아이들이 무엇을 원하는지가 들어 있다.**' 2001년 8월 6일 〈북경청년보〉에서 기사로 작성된 것인데, H.O.T.에 관한 중국 내 열풍을 한마디로 요약해준다. 이수만은 중국을 통해 얻어지는 자료를 바탕으로 한국시장뿐 아니라 중국, 일본의 시장을 '한류'라는 이름으로 기획하게 되고, 비로소 일본시장의 두텁고 높은 장벽을 S.E.S.가 처음으로 두드리기에 이른다.

지난 2013년 우리나라에서 기획·제작된 글로벌 프로젝트인 〈설국열차〉를 기억하

95

시는지? 세계적으로 유명한 배우를 캐스팅하고 수백억이 넘는 돈을 투자받을 수 있었던 가장 큰 이유는 글로벌 시장을 노리고 만들었기 때문이다. 〈살인의 추억〉 〈괴물〉 등으로 연출력을 인정받은 봉준호가 감독을 맡았고, 〈캡틴 아메리카〉의 주인공인 크리스 에반스 그리고 송강호 등을 주연으로 캐스팅해 구색이 알맞게 맞추어졌다. 앞에서 언급한 두 배우 이외에 세계적으로 내로라하는 배우들이 참여한 〈설국열차〉는, 그렇다면 애초의 기획대로 원대한 성공을 거두었을까? 절반의 성공으로 봐야 할듯하다.

이렇듯 글로벌 시장을 기본 마켓으로 하여 무언가를 만들어내고 거기에서 비용을 충당하고 이익을 얻을 수 있다면 그보다 더 좋은 사업모델은 없을 것이다. EXO는 2번째 미니 앨범 〈중독〉의 발표일을 2014년 4월 15일로 잡아 놓았었는데, 이튿날 '세월호 참사'가 터지고 말았다. 온 국민이 애도하는 분위기 속에서 새로운 음반을 홍보하기가 쉽지 않았다. 그러나 중국시장에서는 달랐다. 한국과는 다른 시장이기 때문이다. EXO는 〈중독〉의 음원 발매 후 중국에서 순위 차트 1위를 하는 기염을 토해냈다. 이처럼 글로벌한 프로젝트의 수많은 장점 중 하나는 리스크를 분산시키는 것이라 하겠다.

당시 S.E.S.로 돌아가 보자. 이미 H.O.T.로 중국시장을 노크해본 경험이 있던 이수만은 눈을 일본시장으로 돌린다. 미국에 이어 단일 시장으로 세계 2위 규모인

이웃나라의 음반시장을 자신의 소속 가수들 무대로 활용할 기회가 온다는 것은, 모든 음악 종사 기획자들의 꿈이라고 할 만하다. 한국에서 성공적인 데뷔 무대를 마친 S.E.S.는 애초에 기획했던 대로 일본시장에 진출한다. 일본 음반시장은 우리에게는 한 번 터지면 황금알을 낳는 거위로 인식되었지만, 진입 장벽은 상상을 초월할 정도로 높다는 평이 대세였다. 그간 한국 가수들이 일본에서 인기를 끈 경우를 살펴보자면, 70년대 남진의 〈가슴 아프게〉를 불러서 히트했던 가수 이성애, 〈돌아와요 부산항에〉를 히트시키면서 일본 성인가요계를 강타했던 조용필, 일본 전통가요인 '엔카'를 불러 일본 내 자리를 잡았던 계은숙, 김연자 등이 있다. 다만 이들의 공통점은 일본 음반시장에서 '엔카'라고 하는 특정 장르의 성인가요를 불러서 유명해졌다는 것이었고, 젊은 세대를 공략했던 한국가수는 전무한 상태였다.

이제 이수만은 S.E.S.를 일본에 진출시키기 위해 구체적인 계획 및 전략을 짜야 했다. 그에 따라 에이전시를 선택하고, 어떤 스타일과 장르의 음악으로 공략해 나갈 것인지 결정해야 했다. 이때 이수만은 일본 굴지의 음반 기획사와 미팅을 하게 되는데, 앞에서 언급했던 것과 같이 S.E.S.의 일본 진출은 기존 한국 가수의 일본 진출과는 본질적으로 다른 부분이 있었다.

기존에는 한국에서 먼저 인기를 끌고 그 가수가 일본에서 성공할 수 있겠다고 판단이 서면 일본의 기획사가 한국 가수를 데리고 일본 진출을 시켜왔다. 반면 S.E.S.는 한국의 기획사가 주도적으로 일본시장에 한국 아이돌 가수를 데뷔시킨 사례다. 먼저 일본 최고의 기획사 중 하나인 소니 뮤직과 일본 걸그룹 'SPEED'를 키운 프로듀서 등이 S.E.S.에게 적극적인 행보를 보였다. S.E.S.의 잠재 역량을 본능적으로 알아본 것이었다. 하지만 이수만의 선택은 스카이 플래닝이라는 기획사였다. 규모로 보면 당시 일본 기획사 중 5위에 해당하는 커다란 회사이지만, 이 회사는 연기자나 모델 중심의 기획사였기에 S.E.S.가 스카이 플래닝과 맺은 계약이 갖고 오는 결과는 좋지 못할 것이었다. 한국과 일본에서 제대로 능력을 펼쳐보지도 못하고 흘러가버린, 조금은 안타까운 아이돌 그룹이 되고 만 것이다. 훗날 분석으로는 일본 측의 기획사가 무능했고 소니 뮤직 등과 같은 메이저와 계약을 안 했기 때문에 실패했다고 보고 있다. 하지만 이수만의 가장 큰 실책은, 일본의 음악시장 분석을 치밀하게 하지 못했음에도 밀어붙이면 될 거라고 생각한 점이 아닐까 싶다.

일본의 음악시장은 당시 규모로 우리나라의 수십 배에 달했고, 수십 년 동안 치밀하게 음반 사업을 해온 역사를 가진 많은 음반 기획사의 입김이 시장에 절대적으로 통하는 그런 곳이었다. '일본시장을 뚫고 들어간다'는 말은 쉽지만, 어떻게 뚫고 들어가는가에 대한 확실한 길은 마련되어 있지 않았다. 일본에서 성공하려면 일본화되어야 한다는 말은 이미 통용되고 있던 터고, 이수만 역시 인지하고 있었을 것이다. 그래서 이수만은 S.E.S.를 일본인들의 입맛에 맞는 아이돌 그룹으로 재단장해 선보이게 된다. 본래 갖고 있던 장점과 매력을 내려놓고 말이다.

여기에서 필자는 이수만이 기획자로서 갖게 되는 근본적인 선택의 고민에 처했었다는 것을 직감적으로 알 수 있다. 어떤 시나리오를 영화로 만들 때 그 영화에 투자하는 사람이 이 시나리오에 무엇을 첨가하고 어떤 것을 빼야 관객이 더 많이 들 것이니 그렇게 하라는 요청을 해왔다고 치자. 말이 요청이지 돈을 대는 측의 요청을 무시하고 자기식대로 끝까지 관철시킬 수 있는 기획자가 얼마나 될까? 결국, 이수만은 선택하게 된다. S.E.S. 본연의 색깔을 뒤로 하고 일본에서 익숙한 장르의 음악을 하는 것으로 말이다. 이 선택은 결국 S.E.S.의 일본시장 진출 실패로 귀결된다.

S.E.S.

1997~2002년 / SM 엔터테인먼트 / 여성 3인조

멤　　버 : 바다(리더, 메인 보컬), 유진(보컬), 슈(보컬/랩)

앨　　범 : − 정규 1집 〈I' m Your Girl〉 1997년

　　　　　− 정규 2집 〈Dreams Come True〉 1998년

　　　　　− 정규 3집 〈Love〉 1999년

　　　　　− 정규 4집 〈A Letter From Greenland〉 2000년

　　　　　− 스페셜 앨범 〈Surprise〉 2001년

　　　　　− 정규 5집 〈Choose My Life−U〉 2002년

　　　　　− 리믹스 싱글 〈S.E.S. Remixed〉 2002년

　　　　　− 베스트 앨범 〈FRIEND〉 2002년

대표곡 : 〈I' m Your Girl〉 〈Oh, My Love〉 〈너를 사랑해〉

　　　　　〈Dreams Come True〉 등

짐승돌, 예능돌, 고인돌... 신화를 말하는 많은 별명들

"신화는 비판하되 신화창조는 건드리지 마라."라는 말이 있다. 얼핏 듣기에 이상한 이 말은 신화의 팬클럽인 '신화창조'에서 나왔다. 신화와 신화의 팬클럽 관계를 단적으로 나타내 주는 이 한 줄. 과연 이 둘은 어떤 관계이기에 이런 말이 나오게 된 걸까?

여기 또 다른 사례가 있다. 때는 첫 번째 팬미팅 이후. 좋아하는 오빠들을 보기 위해 모여 있는 소녀들. 그런 소녀들에게 멤버들은 각자 감동적인 멘트를 준비해 말한다. 그런데 여기서 김동완이 생각지도 못했던 말을 내뱉는다.

"신화는 여러분의 인생을 책임져주지 않습니다."

첫 번째 팬미팅부터 싸한 분위기를 가져왔다. 하지만 굉장히 냉정해 보이는 이 한 줄은 지금까지 찬양받고 있다. 이 말로 인해 자신의 삶을 돌아보며 건강한 팬질을 하게 되었다는 것이다. 이러한 영향 때문인지는 몰라도 신화창조는 처음으로 쌀 화환을 시도했다든가, 멤버의 생일을 기념해 서울에 '신화 숲'을 조성했다든가 하는 긍정적인 팬 문화를 보여주기도 했다.

신화 vs 신화창조를 인터넷에 검색해보자. 이게 과연 팬과 스타의 관계가 맞나 싶은 일화들을 여러 개 볼 수 있다. 예를 들어 팬미팅 당시 신혜성이 말을 길게 하자 지루한 팬들이 파도타기를 한다든가, 팬사인회에서 전진이 얼굴이 예쁜 팬에게 "결혼할래?"하고 묻자 팬이 "미쳤어요?"하고 답한 내용 등이 있다.

신화와 신화창조. 서로가 서보를 비난하는 듯 보이지만, 실은 서로를 누구보다 아낀다. 서로에 대한 애정과 신뢰의 기반이 튼튼하기 때문에 서로에게 솔직할 수 있는 것이다. 아이돌과 팬과의 관계라고 보기 힘들 정도로 이 둘의 관계는 친근해 보인다. 마치 오빠 친구나 옆집 오빠처럼 말이다. 그런데 팬이 아닌 아이돌에 어느 정도의 관심만 있는 사람들도 신화를 친근하게 느끼는 경우가 많다. 방송에서 보이는 그들의 모습은 CF에서나 예능에서나 활발하고 짓궂다. 요새 예능감을 내세우며 활동하는 아이돌이 많아졌지만, 기억을 거슬러 올라가 보면 예능 속에서 활발하게 웃고 떠드는 아이돌로 '신화'가 있었다. 예능돌의 원조라고 볼 수 있는 것이다. 그렇다면 이수만이 기획한 신화의 콘셉트는 본래 친근함이었을까? 신화 데뷔 초를 살펴보자.

H.O.T.와 S.E.S.로 큰 성공을 거둔 이수만은 1998년 새로운 보이밴드를 기획한다. 그렇게 신화는 본격적인 무대 퍼포먼스를 표방하며 등장했다. 대형을 짜기 좋다는 6인 체제일 뿐만 아니라 노래 역시 철저하게 퍼포먼스에 맞추는 스타일로, 칼군무를 자랑하는 SM의 아이돌들이 대개 그렇지만 신화 역시 춤에 중점을 두었다. 더군다나 신화의 퍼포먼스를 보고 있으면 뿜어져 나오는 땀과 열정이 어마어마한 것을 느낄 수 있는데, 그 남성적 에너지는 절로 매력적인 짐승이란 말이 튀어나오게 한다. 이수만 역시 이 신체 건장한 매력적인 여섯 남자를 보고 같은 생각을 떠올렸을 것이다. 사실 신화는 친근한 옆집 오빠가 아닌 원조 짐승돌이었던 것이다. 3집 이후 나온 멤버들의 누드 화보집은 이러한 짐승돌 이미지를 더욱 강화시킨다.

신화의 첫 번째 곡은 〈해결사〉로, IMF로 큰 절망에 빠진 대한민국의 현실을 생각해 모든 걸 해결해 보겠다는 뜻을 갖고 있다. 〈해결사〉의 뮤직비디오를 보면 이러한 주제 전달을 강하게 어필하고 있다. 전쟁 후의 비참함을 표현하는 배경에서 절망에 빠진 사람들. 흔들리는 추위에서 흔들림 하나 없이 춤추며 노래하는 여섯 명의 청년들. 금빛 옷을 입은 그들의 몸짓 하나하나에 희망을 품은 빛이 번쩍인다. 그러나 노래 한 곡으로 사람들의 절망을 해결하기엔 너무 부족했던 걸까? 1집의 결과는 참패였다.

이수만은 1집 앨범의 성공 여부를 두고 이 아이돌을 더 잡고 있을지 내칠지 결정한다고 한다. 1집 흥행이 상대적으로 저조했던 신화는 그런 SM의 방침에 따라 내쳐질 뻔했다. 그러나 신화는 유영진을 직접 찾아가 간절히 곡을 청했고, 그렇게 2집이 나온다. 2집의 타이틀곡 〈T.O.P〉는 흥행에 성공, 아니 대박을 치게 되고 신화는 가요계에 남는다.

H.O.T.는 앨범 한 장이 팔리면 멤버 당 20원이 주어졌다고 한다. 당시 작은 회사였던 SM이 회사를 키우기 위한 방책이었을 것이다. H.O.T.의 뒤를 이어 데뷔한 신화 역시 20원까지는 아니어도 그에 못지않게 적은 돈을 받았을 것이다. 〈T.O.P〉의 흥행 이후 가요계에 성공적으로 안착한 신화는 열심히 활동을 해나가다, 일한 것에 비해 자신들이 너무 부당한 대우를 받고 있다고 생각한다. 그들은 자신들이 진행하는 라디오에서 SM의 약자를 두고 수만이 아니냐, 스몰 마인드가 아니냐는 식의 조롱을 하고, 〈make money〉라는 곡으로 이수만을 향해 직접적인 비판을 하기에 이른다.
곡의 가사 일부이다.

> east coast make money yo
> south central make money yo
> mid west we make money yo
> los angeles make money yo

shinhwa we make money yo

korea make money yo

south side we make money yo

SM they make whole lot of money yo

여기는 강남 make it bounce to the hip hop

강북 gettin' live, let's get it

학교나 집이나 책이나 교과서나 찾을수 없는 건

다름이 아닌 이런 것

쉽지만은 않지 다들 말들 많지

뭐가 뭔지도 모르면서 까대면 다 rap이면

나는 뭐 huh?

하루가 다르게 나 변해 rap flow

break it break it down for the rap crowd

또 벌벌 오버 대며 기는 rapper

돈이면 장땡 프로듀서, 계속해 말하지만 내 돈이나 갚어

i'm a say one thing just to make sure

I just don't give a fuck and

I don't give a shit u know what i'm say in?

i'm just speakin' my mind 공지사항 특정인물과 관련 없음...

H.O.T.만큼 가요계를 휩쓴 돌풍은 아니었지만 그래도 god와 어깨를 나란히 하며 가요계를 풍미한 반항적인 짐승돌, 신화. SM에게 이들은 안을 수도 내칠 수도 없는 속 썩이는 자식들이었을 것이다. 그리고 신화에게도 계약 만료 기간이 다가온다.

집을 박차고 나간 탕아들

1집 이후 기사회생한 신화에게 5년 뒤 재계약의 때가 온다. SM은 당시 잘 나가던 이민우와 신혜성에게 재계약 제의를 한다. 그러나 둘의 답은 'NO'였다. **신화 멤버 여섯은 언제나 함께하기로 했다는 게 그 이유였다.** 상종가를 달리고 있던 에릭 역시 다른 기획사에서 높은 몸값에 제의가 왔지만 거절했다. 그러며 6명 다 같은 몸값으로만 다른 회사에 갈 수 있다는 말을 전했고, 해체 없이 SM에서 나와 활동하게 된다.

이후로는 고생담과 성공담이 이어진다. 그들은 SM에서 그룹째 나간 유일한 아이돌이었고, 또 유일하게 성공한 아이돌이다. 그리고 신화 데뷔 17년째인 현재, 그들은 한국의 최장수 아이돌이다. SM에서 나오는 과정 중에 '신화'라는 상표명을 따내기 위해 법 공부를 하고 정장을 입어가며 변호사들을 만나 결국 뜻을 이뤄낸 에릭의 일화, 7집 〈Brand New〉로 대상을 타 SM을 나가 성공한 아이돌이 없다는 설을 박살낸 일화, 신화라는 그룹을 유지하기 위해 신화컴퍼니라는 기획사를 차린 일화 등이 이 고생담과 성공담에 속한다.

'속 썩이던 자식이 더 효도한다'라는 말이 있다. 신화는 이후 방송에서 어렸을 적엔 비판하고 조롱하던 이수만을 존중하는 모습을 보인다. 당시에는 이수만에게 섭섭함을 느꼈지만 소속사를 나온 이후 바로 고마움을 느꼈다는 에릭, 솔로앨범이 나올 때나 명절 때면 어김없이 이수만을 찾아간다는 김동완 등. 신화를 롤모델로 삼는 아이돌들이 많은 이 시점에, 성숙한 모습을 보여주는 그들에게서 10년 후 아이돌 시장이 보인다.

신화

1998~현재 / SM 엔터테인먼트 → 굿엔터테인먼트 → 신컴엔터테인먼트 / 남성 6인조
멤 버 : 에릭(리더, 랩), 이민우(보컬/안무), 김동완(보컬),
　　　　신혜성(리드 보컬), 전진(랩/보컬/안무), 앤디(랩)
앨 범 : − 정규 1집 〈해결사〉 1998년
　　　　− 정규 2집 〈T.O.P.〉 1999년
　　　　− 정규 3집 〈Only One〉 2000년
　　　　− 라이브 앨범 〈1st Mythology〉 2001년
　　　　− 정규 4집 〈Hey Come on!〉 2001년
　　　　− 정규 5집 〈Perfect Man〉 2002년
　　　　− 정규 6집 〈너의 결혼식〉 2002년
　　　　− 라이브 앨범 〈The Everlasting Mythology〉 2003년
　　　　− 겨울 앨범 〈Winter Story〉 2003년
　　　　− 정규 7집 〈Brand New〉 2004년
　　　　− 겨울 앨범 〈Winter Story 2004−5〉 2004년
　　　　− 여름 앨범 〈Summer Story 2005〉 2005년
　　　　− 정규 8집 〈State of the Art〉 2006년
　　　　− 라이브 앨범 〈2005 Japan Tour〉 2006년
　　　　− 겨울 앨범 〈Winter Story 2006−7〉 2007년
　　　　− 겨울 앨범 〈Winter Story 2007〉 2007년
　　　　− 정규 9집 〈Run〉 2008년
　　　　− 정규 10집 〈The Return〉 2012년
　　　　− 정규 11집 〈The Classic〉 2013년
　　　　− 정규 12집 〈WE〉 2015년
대표곡 : 〈T.O.P〉 〈Yo!〉 〈Brand New〉 〈This Love〉 〈표적〉 등

보아, 전설의 시작

H.O.T. 이후 청소년팬들의 위력을 절절하게 깨달은 이수만은, 이제 가요계는 청소년들의 취향과 욕구가 크게 좌우할 것이라 예측하고 보다 더 청소년들에게 다가갈 수 있는 우상(idol)을 만들기로 결심한다. 우선 세대 차이가 느껴지지 않는 게 좋을 것이다. **오빠나 누나보다는 또래로서, 친구로서 같은 눈높이로 다가가는 것이 더 친근할 거라 판단했기 때문이다.** 또한 보다 더 객관적이고 구체적으로 청소년들의 바람을 알기 위해, 청소년들을 대상으로 직접 조사 및 분석을 하기도 했다.

그 결과 청소년들이 제일 부러워하는 것은, 춤을 잘 추는 것과 오토바이를 갖는 것 등의 답을 얻을 수 있었다. 이런 청소년들의 바람으로 H.O.T.가 탄생하고 흥행했다. 청소년들의 바람에 맞춘 이수만의 전략이 성공한 것이다. 그러나 여기에는 한 가지 문제가 있었다. 고교생 그룹은 데뷔한 지 얼마 되지 않아 성인이 된다. 더군다나 남성 그룹은 병역이라는 문제가 있다. 신인 시절을 보내고 한창 떠오를 무렵 공백기가 생겨버리는 것이다. 병역 문제를 해결하기 위해 이수만은 여성 그룹을 만들었고, 기대에 맞게 성공했다. 그 대표적 그룹이 앞서 말한 S.E.S다. 이제 이수만은 나이 문제를 해결하기 위해 고심했다. 고교생으로 데뷔하면 늦는다. 좀 더 어린 나이에 데뷔시켜 청소년기에 청소년들의 지지를 받으며 최전성기를 맞게끔 해야 했다.

그러한 이수만의 고심 속에서 보아가 탄생했다. 이수만은 초등학생 때 재능 있는 아이들을 캐스팅해 훈련시켜 중학생 때 데뷔시키고자 했다. 신인 시절 돌풍을 이끌지 못하더라도 청소년들의 입맛에 혹 들어오기까지 약 5년간의 시간을 마련할 수 있을 것이었다. 이수만의 눈에 보아가 들어오게 된 것은 운명이었다.

삼 남매 중에 막내인 보아는 어렸을 적부터 춤추고 노래하는 것을 좋아했다. 여기서 재밌는 사실은 보아 삼 남매 모두가 음악에 종사하고 있다는 사실이다. 보아의 둘째 오빠인 권순욱은 보아 캐스팅 당시 SM에서 캐스팅을 제의할 정도로 음악에 대한 재능이 있었으며, 현재는 뮤직비디오를 제작하는 영상 전문가이다. 첫째 오빠인 권순훤은 서울대학교 음대 피아노과를 들어갈 정도로 음악적 수재이다. 보아는 이러한 음악적 환경 속에서 자라온 것이다.

작은 오빠를 따라 댄스 대회에 구경 가곤 했던 보아는 어느 댄스 대회에서 인생이 뒤바뀔 경험을 하게 된다. 언제나와 같이 작은 오빠가 춤추는 모습을 보며 뿌듯해 하던 보아. 어느 날, 관객들을 대상으로 하는 번외 무대가 있어 보아는 재미 삼아 출전한다. 보아는 자신의 재능을 뽐내며 신나게 춤을 췄고, SM 캐스팅 담당자의 눈에 들게 된다. 작은 체구에서 뿜어져 나오는 열정과 에너지를 이수만이 놓쳤을 리가 없고, 보아는 그렇게 SM 오디션을 본다.

결과는 합격이었다. 구체적으로 말하자면, 오디션을 보고 집에 온 그날 밤 합격 전화가 왔다. 예전부터 가수가 꿈이었던 보아는 당연히 좋아했다. 그렇지만 집안의 분위기는 긍정적이지 않았다. 부모님은 연예계가 얼마나 험난한 곳인지 알았기에 딸이 평범하게 자라 평범한 행복 속에서 살길 바랐던 것이다. 그렇게 보아의 꿈이 접히는가 싶었다. 그러나 보아의 끈질긴 설득에 부모님은 결국 두 손을 들었고 보아는 그렇게 SM 연습생이 된다.

어린 나이에도 보아는 힘든 연습생 시절을 잘 이겨냈다. 하루 10시간 이상 춤과 노래를 힘든 내색 없이 즐겁게 해내며, 오히려 코치들이 무서워할 정도로 독하게 연습했다. 또한 글로벌 시장을 염두에 둔 이수만의 기획대로 보아는 일본어와 영어 훈련도 춤, 노래 못지않게 해나갔다. 일본어의 경우에는 일본의 NHK 리포터 집에서 여름 동안 홈스테이를 보낼 정도였다. 일본시장에 대한 준비를 완벽하게 해 나간 것이다. 영어의 경우에는 다니고 있던 삼육 중학교에서 한국 켄트 외국인 학교로 전학을 갈 정도였다.

철저하게 청소년을 타깃으로 잡은 보아는 자신의 아이덴티티에 맞게 첫 곡을 준비했다. 이례적으로 신인 가수의 데뷔를 CF를 통해 할 정도로, 보아에 대한 이수만의 자신감은 대단했다. 그렇게 해서 나온 보아의 첫 곡은 〈ID: Peace B〉. 당시 청소년들이 막 열광하기 시작하던 인터넷을 소재로 만든 곡이었다. 'Peace B is My network ID, 우리만의 언어 우리만의 표현들로 가득 찬 우리만의 세상' 등 가사에서 그러한 모습들을 엿볼 수 있다.

청소년 또래에 외모, 노래, 춤이 준비된 보아. 곡 역시 철저하게 청소년에게 타깃을 맞춰 놨다. 데뷔 직전 CF로 대중의 관심까지 끌었다. 그렇다면 흥행은 어떻게 되었을까?

결과부터 말하자면 보아의 1집 음반 판매량은 약 18만 장. 흥행 참패까진 아니었지만 기대에 못 미치는 결과를 냈다. 노래나 춤, 외모 등 스타성에는 부족함이 없었으나, 강점으로 생각했던 어린 나이가 오히려 역효과를 불러왔던 듯싶다. 자신과 비슷한 나이의 여자아이가 십 대들의 우상인 오빠들과 같이 생활하고 훈련한다는 게 사춘기 여학생들에게 질투의 꽃을 피웠던 것이 아닐까. 질투는 심한 안티를 낳았고, 데뷔한 지 일주일도 안 되어 안티 사이트가 15개에 육박했다. 이때를 두고 보아의 팬들은 보아가 자살하지 않은 게 다행이라며 당시를 회상하기도 한다.

그러나 이수만은 낙담하지 않았다. 보아를 기획할 때 염두에 둔 것은 한국시장뿐만이 아니었던 것이다. 일본시장이 보아와 이수만을 기다리고 있었다.

보아, 일본시장의 문을 활짝 열다

일본 진출 당시 보아의 나이는 14살이었다. 일본은 유독 어린 나이에 집착하고 환호하는 경향을 보인다. 따라서 이수만이 생각했던 보아의 강점이 한국에서완 달리 여실히 드러날 수 있을 것이었다. **더해서 보아는 파워풀한 춤을 추며 안정적인 노래까지 가능했다. 당시 일본엔 격렬한 춤을 추면서 노래까지 할 수 있는 여가수가 없었다.** 여기에 보아는 S.E.S. 때와는 달리 매끄러운 일본어를 구사할 수 있었다. 홈스테이까지 하며, 일본어 강사를 늘 옆에 두고 생활한 결과였다. 다른 나라로 진출할 때 현지어를 무리 없이 할 수 있다는 것은 큰 메리트가 아닐 수 없다. 그렇다면 보아는 일본시장에서 성공했을까.

보아는 한국인 최초로 오리콘 차트 1위의 기염을 토해내며 밀리언셀러를 세 번이나 기록하는 등 일본에서 대성공을 거뒀다. 그렇지만 보아가 처음부터 잘 나간 것은 아니다. 일본에 갓 왔을 때의 보아는 일본 사람들에게 경탄을 자아냈을 뿐이었다. 반면 별다른 인지도를 얻진 못하였다. 대중 가수는 일단 대중들에게 노출이 되어야 한다. 그러나 한류 붐 이전, 한국인의 일본 활동은 만만치 않았다.

드디어 2002년 1월 17일. 보아의 일본 싱글 4집인 〈Listen to my heart〉가 'KDDI au C5001T TV' CM송으로 채택되면서 일본 활동에 볕이 들었다. 싱글 2집 〈Amazing kiss〉 이후 조금씩 인지도를 쌓아가던 보아가 4집 이후로 대중들에게 제대로 어필하기 시작한 것이다. 보아의 일본 활동이 궤도를 탔다고 인지한 이수 만은 일본 정규 1집 〈Listen to my heart〉를 냈고, 이는 곧 오리콘 차트 1위를 차 지하게 된다. 후에 이 앨범은 꾸준한 판매로 롱런하여 첫 번째로 밀리언셀러를 달성한다. 정규 2집 〈VALENTI, Best of soul〉 베스트 앨범도 역시 밀리언셀러를 찍으면서 보아는 밀리언셀러 3관왕을 차지한다. 더불어 오리콘 위클리 1위 기록 은 J-pop 역사상 역대 2위에 해당한다.

2002년. 첫 번째 밀리언셀러를 달성했을 당시 보아는 한국으로 금의환향했다. 일 본을 정복하고 온 소녀 가수에게 대중들은 열광했다. 이러한 대중들의 환호에 힘 입어 보아는 예전에 자신을 괴롭히던 편견들을 부수고 〈No.1〉으로 한국에서도 크게 흥행 돌풍을 일으킨다. 〈No.1〉의 열기가 식기 전에 보아는 〈아틀란티스 소 녀〉로 흥행을 이어 나가며 명실상부한 한일 최고의 소녀 가수가 된다.

그렇게 인기의 절정에서 보아가 미국시장에 눈을 돌리게 된 것은 필연적인 수

순이었다. 모두가 알다시피 보아의 미국시장 진출은 실패했다. 빌보드 앨범차트 125위에 오르며, 비평가들에게 좋은 평가를 얻었지만 보아는 더 이상 미국 활동을 이어가지 못하고 일본으로 돌아온다. 애초에 인디 레이블을 통해 데뷔하여 크게 뜨지 못할 것이라는 이야기가 그녀의 미국 진출 좌절에 뒤따른다.

그러나 이수만은 이번에도 낙담하지 않았다. S.E.S.가 일본시장의 문을 두드리고 보아가 그 문을 열어 성공했듯, 보아가 미국시장의 문을 두드림으로써 후배 가수들에게 기회를 주었다고 본 것이다. 보아는 미국시장 진출에는 사실상 실패를 맛보았지만, 여전히 건재한 대스타로서 앞으로 걸어갈 길이 창창하다. 한물 간 스타, 대중문화의 한 페이지에서 K-pop 스타로 돌아온 보아는 다시금 전설을 이어나갈 것이다.

보아

2000~현재 /SM 엔터테인먼트 / 여성 1인

앨 범 : 한국 앨범
- 정규 1집 〈ID: Peace B〉 2000년
- 정규 2집 〈No.1〉 2002년
- 정규 3집 〈Atlantis Princess〉 2003년
- 정규 4집 〈My Name〉 2004년
- 정규 5집 〈Girls On Top〉 2005년
- 정규 6집 〈Hurricane Venus〉 2010년
- 정규 7집 〈Only One〉 2012년
- 정규 8집 〈Kiss My Lips〉 2015년

일본 앨범
- 정규 1집 〈LISTEN TO MY HEART〉 2002년
- 정규 2집 〈VALENTI〉 2003년
- 정규 3집 〈LOVE & HONESTY〉 2004년
- 정규 4집 〈OUTGROW〉 2006년
- 정규 5집 〈MADE IN TWENTY〉 2007년
- 정규 6집 〈THE FACE〉 2008년
- 정규 7집 〈IDENTITY〉 2010년
- 정규 8집 〈WHO'S BACK?〉 2014년

미국 앨범
- 정규 1집 〈BoA〉 2009년
대표곡 : 〈No.1〉〈아틀란티스 소녀〉〈My Name〉
〈Girls On Top〉 등

chapter

4

/06

아이돌로
아이돌을
극복하는
이수만

자칫하면 한국 가요시장에서 SM의 설 자리가 좁아질 수 있다는 초조감도 들었을 것이다. 그리고 결심한다. 여태 보여주었던 SM의 색과는 좀 더 다른 그룹을 선보이리라고, 그리고 치밀하게 준비했다. 지금이 바로 그때이다!

아이돌_변신

SM 세대교체 1 : SM의 존립위기

스티브 잡스가 없는 애플은 언제까지 승승장구할 수 있을까? 한 사람이 조직에 미치는 영향은 과연 어느 정도일까? 이런 의문은 성공한 회사일수록 궁금증을 자아낸다. 잡스는 사후를 대비해 회사 내에 일정한 교육 과정을 개설하여 수많은 스티브 잡스를 만들어 내고자 했다는 뉴스가 있었다. 잡스 사후에도 애플은 세계 시장에서 여전히 엄청난 영향력을 끼치고 있다. 애플의 승승장구가 잡스가 미리 마련해 놓은 장기 계획 덕분인지, 후계자들의 새로운 아이디어와 조직의 결합 덕분인지는 훗날에 평가되겠지만 말이다.

SM의 역사는 누가 뭐래도 이수만의 역사다. 그가 반평생을 바쳐온 역사이자, 그 안에서 희로애락을 함께 한 사람들의 역사이기도 하다. 이런 SM 역사에도 위기는 계속 있었다. 어떤 위기가 있었을까? 한 번 정리를 하고 넘어가자.

첫 번째 위기는 현진영 구속이다. 이수만은 큰 충격을 받았다. 회사의 존폐가 달릴 정도의 문제였다. 이미 만들어 놓은 CD를 전부 폐기해야 했고, 그것은 회사 문을 닫을 수도 있을 정도의 타격이었다. 이수만은 카페 '헤밍웨이'에서 얻은 수익을 다 쏟아 부으면서 간신히 위기를 넘길 수 있었다. 헤아릴 수 없을 만큼의 손해였다.

두 번째 위기는 현진영의 성공 이후 H.O.T.가 나오기 전까지의 시기이다. 갑작스런 현진영의 몰락 후에 후속으로 내세울 만한 가수가 없었고, 결국 몇 번의 실패 끝에 H.O.T.로 위기를 넘기게 된다.

세 번째 위기는 앞엣것과는 성격이 달라도 한참 다르다. 자칫하면 SM 전체와 이수만 개인을 한꺼번에 몰락시킬 만한 위기였다는데 아무도 반론이 없을 거라 생각한다. 2002년 검찰은 이수만이 1999년 8월 SM 엔터테인먼트가 유상증자를 통하여 코스닥에 등록할 때, SM 엔터테인먼트의 자금으로 주식을 취득해 부당한 시세차익을 얻은 점을 포착했다고 발표한다. 검찰의 수사망은 점점 이수만을 좁혀왔고, 당시 해외에 머물고 있던 이수만은 귀국하지 못하고 사태를 관망해야 했다. 이때 SM은 아이돌 그룹의 세대교체를 준비해야 하는 아주 중차대한 시기를 맞고 있었지만, 이수만은 이 과정에서 핵심적인 역할을 맡을 수가 없었다.

당시는 강타와 문희준만 남아 있는 H.O.T.와 재계약을 앞두고 해체가 기정사실

화 된 S.E.S.를 잇는 가수가 나와야 하는 때였다. 그나마 위안은 보아가 성공적인 데뷔를 하여 한국과 일본을 오가며 활발한 활동을 하고 있었다는 것. 문제는 보아와 더불어 SM을 대표하여 활동할 수 있는 아이돌 가수가 없다는 데 있었다. 이런 중요한 순간에 이수만은 한국에 있을 수 없었고 김경욱 사장이 거의 모든 일을 맡아 결정했다.

SM의 초창기 김경욱과 정해익은 이수만을 보좌해 H.O.T.와 S.E.S.을 만들고 키워낸 핵심 중 핵심 인물들이다. 그들 중 정해익이 회사를 나갔고 김경욱은 명실상부한 SM의 2인자가 되었다. SM에서 처음으로 겪게 되는 창업자이자 최대 주주 이수만의 공백은 SM에 큰 혼란을 가져온다.

SM 세대교체 2 : 사라지는 아이돌

이수만의 해외 체류로 인해 김경욱은 전권을 위임받아 새로운 가수를 준비해 시장에 내보내야 하는 막중한 책무를 맡는다. 김경욱은 제2의 H.O.T.나 S.E.S.를 만들어 내야만 했고, SM의 진정한 세대교체를 이뤄내야만 하는 책임이 있었다. **이수만 체제 하에서 데뷔를 했던 가수가 어떻게 유지 관리되어 인기를 구가할 수 있는지 분석하는 게 큰 숙제였을 것이다.** 구체적으로 김경욱 체제 하에서는 어떤 가수들이 있었고 그들의 활동은 어땠는지 알아보자.

1. 신비

데뷔 당시 제2의 S.E.S.로 불리면서 기대를 한몸에 받았던 아이돌 그룹. 타이틀곡인 〈To my friend〉 뮤직비디오에는 신화의 전진이 출연해 화제를 모으기도 했다. 하지만, 3인조 걸그룹인 신비는 1집 활동을 하면서 대중에게 깊은 인상을 주지 못했다. 2002년 당시 네이버 지식인에서 오간 질의응답이다. "신비는 활동을 하긴 하는지요?" "거의 망했다던데 진짜인지요?"라는 질문에 "신비 1집은 망한 것이 확실합니다."라는 대답이 보인다. 그리고는 "신비는 SM Entertainment가 아닙니다. 그 하위 기획사 작품이에요."라고 덧붙인다. 이 말이 사실일까? 필자가 조사한 바로는 전혀 틀린 말이다. 신비는 SM에서 프로듀싱한 아이돌 그룹이 맞고, 다만 활동 중에 이수만이 해외 체류 중이었다.

2. 밀크

역시 제2의 S.E.S.로 불리면서 기대를 한몸에 받았던 아이돌 그룹. 2001년 말에 데뷔했고 비슷한 시기에 데뷔한 슈가와 비교되곤 했다. 밀크 역시 대중들에게 폭발적인 인기를 얻어내진 못했다. 그래도 1집 앨범에서 〈come to me〉〈crystal〉 등을 히트시키는 등 반응이 나쁘지만은 않았다. 같은 시기 데뷔한 아이돌 그룹 슈가와 라이벌 구도를 펼치며 열심히 활동했다. 하지만 대중적인 호감도에서 슈가에게 밀리고 말았다. 밀크는 1집 음반을 뒤로 하고 대중에게서 서서히 잊혀 갔다. 재밌는 사실이 하나 있는데, 슈가를 만든 기획사 스타월드의 사장이 바로 이수만의 친형 이수영이라는 사실이다. 소녀시대의 써니가 바로 이수영 씨의 딸이다.

3. 블랙비트

블랙비트는 무려 5년간의 준비 기간을 거쳐 2002년에 데뷔했다. 당시 제2의 H.O.T., 신화로 불렸으며, 데뷔 전부터 많은 화제를 모았다. 사실 블랙비트는 제2의 H.O.T.나 신화보다는 동방신기의 원류라고 해야 맞다. 심지어 인원도 동방신기와 같은 5명이다. 그들의 데뷔곡인 〈in the sky〉는 듣기에 괜찮은 수준이었고, 퍼포먼스 또한 수준급이었다. 하지만 밀크가 슈가와의 대결에서 힘에 부쳤던 것처럼, 이들 역시 동시대에 활동했던 국민가수 god에 밀리고 말았다.

4. 이삭N지연

이삭N지연은 여성 'fly to the sky'라는 확실한 콘셉트를 갖고, 당시 17세인 미국 국적 김이삭과 18세인 이지연으로 구성한 여성 듀오다. 여성 R&B를 음악적 장르로 포진하고 데뷔한 이들은, 음반시장에서 큰 호응을 얻지 못한 채 방송 활동만 하고는 1집을 끝으로 단명한다. 지연은 이후 결성된 '천상지희'에서 린아라는 이름으로 활동을 하게 되고, 이삭은 뮤지컬 배우와 VJ 등으로 활동하게 된다.

밀크와 블랙비트가 시장에 나온 시절을 복기해 볼 때, 과연 이들이 폭발적인 인기를 못 얻었던 이유가 단지 라이벌 그룹 혹은 국민가수와 같은 시기에 활동하면서 이들에게 밀려서였기 때문일까? 즉, 거기엔 상대적인 면만 있는 것일까? 데뷔 시기, 음악적인 패턴, 확실한 콘셉트와 세심한 디테일 등, 그 자체로 절대적인 문제가 없는지 궁금하다. 이들은 1집 종료 후 조용히 사라진다. 수많은 아이돌이 1집에서 실패를 맛본다. 그리고 2집을 통해 성공을 맛본다. H.O.T.나 신화, 심지어 EXO도 그런 경험이 있지 않았는가? 그렇다면 왜 밀크나 블랙비트를 위시한 아이돌들은 그러지 못한 것인지?

공교롭게도 이수만이 없던 시절 SM에서 데뷔시킨 아이돌 그룹들은 하나같이 재미를 보지 못했다. 아니, 실패라고 봐야 할 것이다. 김경욱은 중압감을 느끼고, 훗날 이수만이 한국으로 복귀하면서 SM을 떠난다. 하지만 김경욱이 SM을 떠나기 전에 기획해 놓은 그룹이 한국과 일본에서 소위 빅히트를 치게 되는데, 그들이 바로 '동방신기'다.

SM 효자둥이 '동방신기'

요즘 인터넷 댓글란을 보면 EXO 팬들의 뜬금없는 댓글을 종종 볼 수 있다. **EXO와는 아무런 상관없는 기사에 'EXO FOREVER'를 외치고 하트를 날리곤 하는 것이다.** 이런 모습을 언짢게 보는 시선들도 있지만, 이러한 현상이 대세인 EXO의 인기를 증명하는 척도인 것만은 분명하다. 그런데 이러한 현상의 원조격인 이들이 있다.

2003년 동방신기가 데뷔했을 때, 뛰어난 실력과 외모보다 극성스러운 팬으로 그들을 기억하는 사람들이 제법 있을 것이다. 팬들이 어떤 장소에서도 동방신기를 생각하고, 외치고, 사랑할 만큼 동방신기는 매력적인 그룹이었다. SM의 계속되는 슬럼프 속에서 동방신기는 그동안의 모든 실패를 날려버릴 만큼 돌풍을 일으키며 성공적으로 데뷔했다.

당시 국내에 생소했던 힙합으로 등장한 현진영, 잠재적인 대중이었던 청소년들을 겨냥한 본격적인 댄스 보이그룹 H.O.T., 여타 걸그룹과는 다르게 외모뿐만 아니라 춤과 노래까지 완벽했던 S.E.S., 매우 어린 나이로 데뷔해 화제를 몰고 왔던 보아 등 아이돌을 시장에 내놓을 때는 뚜렷한 차별점을 강조하는 것이 이수만의 기획 철학 중 하나였다. 요즘엔 SM의 시도를 너도나도 따라 하기 때문에 차별점이 무색해졌지만 말이다. 이수만이 아이돌을 기획할 때마다 시장의 선구자 역할을 할 정도의 모습을 보여주어서 그럴 것이다.

동방신기 역시 그러한 기획 속에서 색다른 차별성을 무기로 들고 나왔는데, 바로 '아카펠라'였다. 아카펠라란 무엇인가? 반주가 따르지 않는 합창곡으로, 보통 교회에서 많이 사용하곤 한다. 아카펠라는 분명 음악의 한 장르이지만 대중에게 익숙한 장르는 아니다. 대중성으로 먹고사는 아이돌에게 아카펠라라니, 이보다 더 생소하고 또 차별적일 수 있을까. 캐스팅 디렉터 김경욱의 마지막 그룹인 동방신기 역시 이대로 무너질까 싶었을 때, 그런 우려를 깨고 데뷔부터 대중들의 관심을 집어삼키며 흥행을 한다.

김경욱의 마지막 그룹이자, 해외에서 막 돌아온 이수만의 작품이기도 한 동방신기. 그들의 매력적인 보이스와 화음을 듣고 있으면, 이수만이 왜 위험을 무릅쓰고 아카펠라라는 장르를 선택했는지 알 수 있다. 단점을 줄이고 장점을 극대화시키는 것이다. 그런데 동방신기는 춤도 잘 췄다. 리더인 유노윤호가 애초에 'SM 춤

짱'으로 뽑혔을 만큼 춤에 일가견이 있었고, 다른 멤버들 역시 오랜 연습생 기간 춤을 갈고 닦았다. 이러한 점을 이수만이 놓칠 리가 없었다. 동방신기는 아카펠라라는 생소한 장르와 일면 그에 어울리지 않을 것 같은 파워풀한 춤까지 겸비한 것이다. SM 남자 아이돌의 숙명인 SMP도 완벽하게 소화해낼 수 있었음은 물론이다.

SM의 남자 아이돌들은 거의 필연적으로 SMP를 했다. SMP를 하지 않아 신선하다는 평가와 함께 데뷔한 샤이니마저 나중엔 〈링딩동〉으로 SMP적인 냄새를 풍겼다. SM에는 SMP가 어울리는 그룹과 어울리지 않는 그룹이 있다. 동방신기의 경우에는 진지하고 분위기 있는 외모 덕인지 SMP가 어울리는 그룹이었다. H.O.T.와 신화를 이을 SMP의 후계자라 불릴 정도였다. 여하튼 동방신기는 유영진이 만든 2집 타이틀곡인 〈Rising sun〉으로 SM을 대표하는 그룹이 된다.

열광적인 팬들을 거느리며 명실상부한 한국 대세 아이돌이었던 동방신기. 동방신기는 한국에서 어느 정도 기반을 닦자 보아가 열어놓은 일본을 장악하러 떠난다. 일본 진출에 앞서 이수만이 동방신기를 처음 기획했던 때로 돌아가 보자.

생소함에 기반을 둔 차별성 외에 이수만에게는 기획 철학이 하나 더 있는데, 가수의 이름과 그룹명 등을 대중들이 잘 기억하게끔 독특하면서 친밀하게 지어야

한다는 것이다. 그래서 이수만은 동방신기라는 그룹명을 짓기 전에, 전먹고(전설을 먹고 사는 고래), 오장육부, 동방불패 등 여러 그룹명을 고심했다고 한다. 결국 지인이 추천해준 동방신기로 그룹명을 정하게 되었다는 후문이다. '동방에서 신이 일어난다'는 뜻으로 이수만은 동방신기가 아시아를 제패하고 더 나아가 세계까지 나가길 원했던 것이다. 이뿐만 아니라 멤버 각자의 이름 역시 시아준수, 영웅재중, 믹키유천, 유노윤호, 최강창민으로 독특하게 지어 대중들의 뇌리에 인상을 강하게 박았다.

동방에서 신이 일어나다

팀명처럼 동방을 휩쓸기 위해 일본으로 간 동방신기는 초라한 성적표를 받는다.
동방신기가 일본에 가서 낸 첫 앨범의 성적은 약 1만 여 장으로, 한국에 있을 때
의 성적과 비교해 초라하기 그지없었다. 아마 다른 기획사였다면, 하루빨리 철수
시켜 안정적인 한국으로 돌아올 것이었다. 그러나 이수만은 철수는커녕 절망도
하지 않았다. 세상을 넓게 보고 글로벌 시장을 개척해 나가는 그에게 이런 좌절
은 당연한 것이었다.

동방신기 데뷔 당시 SM은 실패한 아이돌들로 인해 본 적자를, 보아와 신화, 동방
신기가 번 돈으로 메꾸며 어렵게 회사를 꾸려나가던 차였다. 이 상황에서 동방신
기가 일본에서 부진하자 이수만으로선 더 애가 타는 상황이 아닐 수 없었다. 그
러나 이수만은 동방신기를 한국으로 부르지 않았다. 그는 앞서 일본시장을 개척
한 보아를, 또 동방신기를 믿었다. 이수만은 일본에서 성공한 보아 덕에 일본시장
에 대해 여러 가지를 알게 되었는데, 그중 하나가 바텀업(Bottom-up) 방식이었다.

처음부터 방송 출연으로 전 국민에게 인지도를 얻는 톱다운(Top-down) 방식인 우리나라와 달리, 일본은 밑바닥에서부터 올라와 정상을 차지하는 전략을 선호했다. 사람들이 많이 모이는 길거리 등에서 즉석 라이브 공연으로 눈도장을 찍고, 홀 단위의 작은 공연장 등에서 점차 인지도를 올리다가, 부도칸 등의 최고의 콘서트장에서 공연을 하게 되는 수순이다. 철저하게 바텀업 전략을 이용해야겠다는 이수만의 생각으로 동방신기는 롯폰기나 시부야 등지의 거리로 나가기 시작한다.

길을 걷고 있는데 근사하게 생긴 다섯 명의 남자들이 화음을 맞추며 감미로운 노래를 부르고 있다. 아마 많은 이들이 걸음을 멈추고 그들의 노래를 감상하게 될 것이다. 동방신기는 제법 성공적으로 길거리 공연 코스를 마친다. 이 성공에는 보아 이후 〈겨울연가〉로 정점을 찍은 한류 열풍도 한몫했을 것이다. 동방신기는 길거리 공연을 수차례 더 가진 후 착실하게 인지도를 올려 두 번째 단계인 홀 콘서트에 안착한다. 그들은 그렇게 일본 주요 도시 투어를 했다.

일본 열도를 밑에서부터 야금야금 장악해 나가던 동방신기는 드디어 일본 최고 인기 가수임을 상징하는 '부도칸'에 입성한다. 부도칸이 무엇인가. 일본 최고의 문화 전당으로 일본 대중문화의 성지다. 여기에서 공연을 했다는 것은 일본에서 최고의 가수가 되었다는 뜻이다. 그만큼의 실력이 있어야 함은 물론이다. 이로써 동방신기는 한국에서 온 길거리 가수에서 명실상부한 일본 최고 인기 가수가 되었다. 철저하게 일본어를 교육받고 일본시장에 출사표를 던진 보아와는 달리, 통역에 의지하며 활동했던 동방신기가 나름 유창하게 일본어를 구사하며 콘서트를 진행해나가게 되었을 때 동방신기도 이수만도 뜨거운 눈물을 흘렸을 것이다.

일본에 독하게 적응한 다섯 남자는 '인기 가수'에서 '대세 가수'로 발돋움한다. 총 20회가 전부 매진된 콘서트, 오리콘 차트 1위, 일본 최고 가수들만 선다는 〈홍백가합전〉 출현 등. 일본을 장악해 나가던 동방신기는 이러한 활동 와중에도 태국, 말레이시아 등지에서 콘서트를 열며 활발하게 활동한다. 동방신기가 동방을 휘어잡던 순간이었다.

안타깝지만, 끝까지 효자는 없었다

20대 초반, 혈기 넘치는 성인 남성들에게 힘든 일이 어디 있겠냐마는 세계 각국을 돌아다니며 팬들과 관중을 위해 최선의 힘으로 최고의 퍼포먼스를 펼치는 것은 확실히 벅찬 일일 것이다. **빽빽하게 세계 각국에 잡힌 스케줄을 소화하기 위해 하루가 멀다 하며 비행기를 타고, 또 그 나라의 언어에 맞게 번역된 노래를 외우고, 새로운 퍼포먼스를 연습하고……**. 동방신기는 점차 피로의 늪으로 가라앉았다. 세계 각지의 팬들에게 최고의 모습을 보여주어 동방신기를 세계의 우상(Idol)으로 세우겠다는 이수만의 야심 찬 꿈이 너무 앞서 나갔는지 모른다. 또 그간 실패한 아이돌들이 만들어 놓은 간격과 적자를 메우기 위해 동방신기를 믿고 무리하게 '굴린' 건지도 모른다. 이때 이수만이 동방신기에게 충분한 휴식과 보다 많은 페이를 주었다면 상황이 달라졌을까?

2009년. 한마음 한몸으로 움직이던 동방신기에게 분열이 생겼다. 지금은 JYJ로 활동하고 있는 시아준수, 믹키유천, 영웅재중(이하 준수, 유천, 재중)이 중국의 한

화장품 회사에 투자를 해도 괜찮냐며 SM에 물어온 게 그 시작이었다. 단순한 투자 수준에선 문제가 될 것이 없었기에 SM은 그러한 물음에 긍정적으로 답했고, 준수, 유천, 재중은 화장품 회사에 자금을 투자했다. 여기서 일이 끝났다면 아무런 문제도 없었을 것이다. 그러나 그들은 SM의 지침을 어기며 마치 그 화장품의 모델처럼 활동을 했고 갈등이 시작되었다.

처음에 SM은 이러한 사실을 잘 알고 있지 못했다. 그러나 SM과 협력하고 있는 일본의 AVEX에 전화 한 통이 걸려온다. 화장품을 사면 동방신기와 함께 식사할 수 있다고 하는데 이게 사실이냐고 묻는 팬의 전화였다. 이 전화를 듣고 놀란 AVEX가 SM에게 전화를 걸었고, 사건의 전모를 알게 된 SM은 그 셋에게 일련의 일을 멈출 것을 요청한다.

이후 SM과 준수, 유천, 재중은 서로가 서로를 고소하며 맞붙기에 이른다. 그리고 결국 그들이 SM을 떠나는 것으로 결론이 났는데, 이 과정에서 이수만은 심장병을 얻어 수술대에 오른다. 소속 가수들을 자식처럼 아끼며 엄하게, 때로는 자상하게 대하는 이수만. 시상식 때마다 이수만 선생님, 혹은 이수만 아버지라 부르며 사랑과 존경을 나타내는 소속 가수들. 그렇지만 이들의 끝은 왜인지 안 좋은 경우가 많은데, 생각해 볼 문제이다.

동방신기

2003년~/SM 엔터테인먼트/남성 5인조

멤　버 : 유노윤호(리더, 랩/보컬), 최강창민(보컬),

영웅재중(탈퇴), 믹키유천(탈퇴), 시아준수(탈퇴)

앨　범 : 한국 앨범

- 싱글 1집 〈Hug〉 2004년

- 싱글 2집 〈The Way U Are〉 2004년

- 정규 1집 〈Tri-Angle〉 2004년

- 정규 2집 〈Rising Sun〉 2005년

- 정규 3집 〈O-正.反.合.〉 2006년

- 라이브 앨범 〈1st Live Concert Album 'Rising Sun'〉 2006년

- 라이브 앨범 〈2nd Asia Tour Concert Live Album 'O'〉 2007년

- 정규 4집 〈MIROTIC〉 2008년

- 라이브 앨범 〈3rd Asia Tour Concert Live Album 'MIROTIC'〉 2009년

- 정규 5집 〈Keep Your Head Down〉 2011년

- 정규 6집 〈Catch Me〉 2012년

- 정규 7집 〈TENSE〉 2014년

- 라이브 앨범 〈The 4th World Tour 'Catch Me in Seoul'〉 2014년

일본 앨범

- 정규 1집 〈Heart, Mind and Soul〉 2006년
- 싱글 12집 〈SUMMER〉 2007년
- 정규 2집 〈Five in the black〉 2008년
- 싱글 16집 〈Purple Line〉 2008년
- 정규 3집 〈T〉 2008년
- 정규 4집 〈The Secret Code〉 2009년
- 싱글 28집 〈Stand By U〉 2009년
- 싱글 29집 〈BREAK OUT!〉 2010년
- 베스트 앨범 〈BEST SELECTION 2010〉 2010년
- 베스트 앨범 〈COMPLETE Single A-SIDE Collection〉 2010년
- 베스트 앨범 〈Single B-SIDE Collection〉 2010년
- 정규 5집 〈TONE〉 2011년
- 정규 6집 〈TIME〉 2013년
- 정규 7집 〈TREE〉 2014년
- 싱글 42집 〈Time Works Wonders / Baby Don't Cry〉 2014년
- 정규 8집 〈WITH〉 2014년

대표곡 : 〈Hug〉〈Rising Sun〉〈O-正.反.合.〉
〈주문(MIROTIC)〉 등

슈퍼맨 말고 슈퍼 주니어

이수만의 기획력은 하늘에서 뚝 떨어져 만들어진 것이 아니다. 현진영이 바비 브라운을 모델로 만들어졌듯이, S.E.S.가 TLC를 모델로 만들어졌듯이, **인기와 실력을 검증받은 가수들을 모델로 한국 맞춤형 아이돌 그룹을 만든 것이다.** 혹자는 있는 모델을 한국에 들여왔을 뿐인데 뭐가 기획력이 있냐 라고 반문할 수도 있겠지만, 필자가 보는 시각은 다르다.

해외에 있는 기존 모델을 카피해서 한국에 데뷔시킨다는 기획은 쉬울지 모른다. 하지만 카피 그 이상의 무언가를 해낼 수 있는가가 관건인 것이다. 창작이라는 큰 틀에서 예시를 들어본다. 일본에서 유명한 추리소설 작가인 히가시노 게이고의 작품은 이미 일본에서 드라마나 영화로 많은 사랑을 받았다. 그래서 검증된 인기를 바탕으로 원작 판권을 사와 국내에서 리메이크작을 만들었다. 대표적인 작품으로 〈백야행〉 〈용의자 X〉 〈방황하는 칼날〉 등이 있는데, 기대했던 것만큼 흥행 성적은 좋지 않았다. 해외의 인기가 한국에서의 흥행을 담보해 주지 않는다는 대표적인 예이다. 반면 〈표적〉이라는 프랑스 영화를 리메이크해서 개봉한 적이 있는데, 흥행 성적이 좋았다. 한국에서 이 영화가 만들어지기 위해서 얼마나 많은 노력이 병행됐는지는, 필자가 전해 들은 이야기만으로도 충분하다. 원작에서 중요한 뼈대만 빼고는 모두 한국식으로 바꿔놓은 것이다. 흥행을 해야만 제대로 평가를 받는 시장에서 그나마 〈표적〉은 성공한 리메이크라고 할 수 있다.

이수만이 훌륭한 기획자로 보이는 지점이 바로 이 지점이다. 해외에서 인기 있는 음악이나 가수를 눈여겨보고는 한국시장에 맞춰 재창조해내는 능력이 그에겐 있다. 스티브 잡스가 말하지 않았는가. 크리에이티브는 없는 것에서 새로운 것을 창조하는 게 아니라, 이미 만들어져 있는 것들을 하나로 연결시켜 재창조하는 작업이라고.

당시 일본시장에는 오랫동안 활동하며 인기를 구가하고 있던 '모닝구 무스메'라는 그룹이 있었다. 1997년부터 현재까지 활동하고 있는 장수 그룹이다. 이수만은 이 그룹을 눈여겨보고 있었다. 2000년대 초반인 당시, 모닝구 무스메는 전성기를 맞이하고 있었다. 이수만에게 모닝구 무스메와 같은 그룹의 형태가 상당히 매혹적으로 다가온 듯하다. 5년 계약으로 끝나버리는 아이돌의 수명이, 모닝구 무스메의 포맷에선 적어도 십 년 이상 갈 수 있지 않은가.

모닝구 무스메는 상식을 깨는 아이돌 그룹임에 틀림이 없다. 이들은 멤버가 교체되어도 상관이 없고 멤버 수가 줄거나 늘어도 상관이 없다. 누가 그룹에 들어오고 나가든 모닝구 무스메라는 이름 아래에서 활동을 한다. 이 그룹은 유닛을 나눠서 활동을 하고, 노래 이외에 MC나 연기를 하기도 한다. 당시 이러한 그룹의 형태는 상상 속에서나 존재할 법하다 싶었지만, 일본에선 현실로 존재했고 최고의 인기까지 구가했다.

SM 내에 적체된 연습생들만 해도 수십 명이 될 것인데, 이수만은 이들을 이번 기획으로 해소할 생각을 한다. 그리하여 아무도 생각하지 못했던 전무후무한 아이돌 그룹이 탄생하게 되는데 바로 '슈퍼주니어'다.

변신 로봇 말고, 변신 유닛

이제 멤버의 진영을 짜야 했다. 어떤 연습생을 멤버로 할 것인가? 이들은 기존의 그룹과 어떤 차별성을 갖고 활동해야 하는가? **이수만은 일본 그룹 모닝구 무스메를 참고하여 새로운 패러다임을 만들어 보고 싶었는데 최초의 시험 그룹이 바로 슈퍼주니어이다.** 즉, 슈퍼주니어는 색다른 그룹으로의 출발 신호 같은 것이라 할 수 있겠다. 현재 한국을 비롯하여 아시아 전역을 강타하는 EXO의 경우를 보자. EXO-M(중국 무대 활동), EXO-K(한국 무대 활동) 혹은 모두 함께하는 EXO 완전체가 각 유닛으로 나뉘어 활동해도, 그것을 보고 어색하다든지 부자연스럽다는 생각을 하지 않는다. 슈퍼주니어의 유닛 활동을 시작으로 이런 모습은 아이돌 그룹의 자연스러운 모습이 됐기 때문이다.

여기서 슈퍼주니어라는 그룹의 정의를 내려 보자. "열 명이 넘는 멤버를 각각 다른 유닛으로 나누어 활동하게 한다. 부르는 음악 장르도 다양하게 가져간다. 이들은 모든 장르의 음악을 소화할 것이며, MC와 각종 예능프로 출연, TV 탤런트,

영화배우 등 모든 영역에 걸쳐 전천후로 활동할 것이다. 매년 멤버가 바뀌어도 향후 수십 년 동안 같은 이름으로 남아 있을 것이다." 여기까지가 기획할 때의 이수만 생각이었고 이렇게만 된다면 한국에서 새로운 패러다임을 이끌며 다시금 성공한 기획자로 재평가될 것이었다.

슈퍼주니어가 탄생한 지 벌써 10년이 되었지만 그들의 인기는 식을 줄 모른다. 특히 중국과 아시아에서 그들의 인기는 상상 이상이다. 그렇다면 이수만의 기획이 완벽했던 것일까? 그렇다고 할 수도 있고 아니라고 할 수도 있다. 멤버들의 다양한 활동이나 유닛 활동 등으로 인기를 끌고 있긴 하지만, 슈퍼주니어라고 하는 그룹을 기획할 때 가장 중요한 포인트였던 '멤버 교체'라는 지점에서 이수만은 실패하고 만다. 왜 모닝구 무스메와 같은 멤버 교체가 한국에서는 이뤄지지 못했는가? 한국적 특수성 때문이 아닌가 싶다. SM이 한 단계 한 단계 도약할 수 있게끔 큰 힘이 되어 주었던 팬덤이, 이번엔 이수만의 기획을 가로막은 것이다. 멤버 교체나 새 멤버 영입이라는 소문이 흘러나올 때마다 팬들은 SM 사옥 앞에 달려가서 시위를 벌였다. 팬덤이 생각 이상의 큰 힘을 발휘 할 수 있다는 것을 이수만은 잘 알고 있었기에, 슈퍼주니어 멤버 교체라는 애초에 기획한 구상은 포기한다.

과연 어떤 멤버들이 슈퍼주니어에 있었기에 이렇게 다재다능한 활동을 할 수 있었을까? 도표로 정리해보았다.

본명	예명	출생년도	활동범위	유닛 활동	그룹 내 포지션
박정수	이특	1985	MC, DJ	슈퍼주니어-T 슈퍼주니어-HAPPY	리더 서브 보컬 서브 래퍼
김희철	희철	1983	MC, DJ, 배우 (드라마, 뮤지컬)	슈퍼주니어-T	서브 보컬 서브 래퍼
김종운	예성	1984	뮤지컬 배우, DJ	슈퍼주니어-K.R.Y 슈퍼주니어-Happy S.M. THE BALLAD	메인 보컬
김영운	강인	1985	배우 (뮤지컬, 영화, 드라마) DJ, MC	슈퍼주니어-T 슈퍼주니어-Happy	서브 보컬
신동희	신동	1985	MC, DJ	슈퍼주니어-T 슈퍼주니어-Happy	메인 래퍼 리드 댄서
이성민	성민	1986	DJ, 배우 (드라마, 뮤지컬)	슈퍼주니어-T 슈퍼주니어-Happy 슈퍼주니어-M	리드 보컬 리드 댄서
이혁재	은혁	1986	MC, DJ, 뮤지컬 배우	슈퍼주니어-T 슈퍼주니어-Happy 슈퍼주니어-M 슈퍼주니어-D&G	리드 래퍼 메인 댄서
최시원	시원	1986	배우(드라마, 영화) 모델	슈퍼주니어-M	서브 보컬

이동해	동해	1986	배우(영화, 드라마)	슈퍼주니어-M 슈퍼주니어-D&G	서브 보컬 서브 래퍼 리드 댄서
김려욱	려욱	1987	DJ, 뮤지컬 배우	슈퍼주니어-K.R.Y 슈퍼주니어-M	메인 보컬
조규현	규현	1988	뮤지컬 배우	슈퍼주니어-K.R.Y 슈퍼주니어-M	메인 보컬
김기범	기범	1987	배우(드라마)		메인 래퍼 서브 댄서 서브 보컬
한경 (탈퇴)	한경	1984	영화배우		

활동 범위가 가수에 국한되어 있는 멤버는 단 한 명도 없다. 가수는 기본이고 배우, DJ, MC 등을 함께 소화하는 전천후 아이돌 그룹인 것이다. 여기에 유닛 활동까지 병행한다. 슈퍼 주니어-T는 기존의 아이돌 그룹이 소화할 수 없는 음악적 장르인 '트로트'에 도전했다. 전통 트로트는 아니지만, 어떤 연령대도 거부감 없이 받아들일 만한 노래를 불렀다. 이들의 대표적 히트곡 〈로꾸거〉는 2007년 대선 로고송으로 쓰이기도 했다. 슈퍼주니어-M은 지금의 EXO-M과 거의 같은 콘셉트이다. 중국시장을 목표로 만들어진 유닛이며, 실질적으로 가장 많은 앨범을 내고 활발히 활동했다. 슈퍼주니어-K.R.Y는 규현, 려욱, 예성 세 명의 이니셜을 딴 유닛으로, 멤버 중 가창력이 가장 뛰어난 멤버로 구성했다. 가장 안정된 활동을

한 유닛이다. 이 밖에 슈퍼주니어-Happy와 슈퍼주니어-D&G 등이 유닛으로 활동했다.

기획자의 입장에서 바라보면, 이수만은 이들을 바탕으로 SM을 종합 콘텐츠 그룹으로 만들어 토크쇼, 뮤지컬, 영화를 모두 최고로 제작하고자 했을 것이다. H.O.T.나 동방신기의 경우에서 알 수 있듯이, 아이돌 그룹이 성공했을 때 얻어지는 인기의 체감이나 금전적 이득은 어마어마하며 그 폭발력은 상상 그 이상이다. 그 인기를 바탕으로 한 걸음 더 나아가 탑 배우나 탑 MC로 거듭나게 할 수 있다면 생각의 파이 자체가 달라지는 것이다. 또한 리스크 매니지먼트가 가능해진다.

뒤에서 다루겠지만 이수만은 영화에 대한 꿈을 행동으로 옮기는데, 슈퍼주니어 멤버들로 제작한 영화 〈꽃미남 연쇄 테러사건〉이 그것이다. 하지만 전국 관객 10만을 동원하는 흥행 참패를 맛보았다.

슈퍼주니어

2005~/SM 엔터테인먼트/남성 13인조
멤 버 : 이특(리더), 희철, 예성, 강인, 신동, 성민, 은혁,
        동해, 시원, 려욱, 규현, 기범, 한경(탈퇴)
앨 범 : - 정규 1집 〈Super Junior 05〉 2005년
        - 유닛 앨범 〈Super Junior-T 로꾸거!!!〉 2007년
        - 정규 2집 〈Don't Don〉 2007년
        - 유닛 앨범 〈Super Junior-M 迷〉 2008년
        - 유닛 앨범 〈Super Junior-Happy 요리왕〉 2008년
        - 정규 3집 〈Sorry, Sorry〉 2009년
        - 유닛 앨범 〈Super Junior-M SUPER GIRL〉 2009년
        - 정규 4집 〈미인아〉 2010년
        - 유닛 앨범 〈Super Junior-M 太完 美〉 2011년
        - 정규 5집 〈Mr. Simple〉 2011년
        - 정규 6집 〈Sexy, Free & Single〉 2012년
        - 유닛 앨범 〈Super Junior-M Break Down〉 2013년
        - 유닛 앨범 〈Super Junior-M SWING〉 2014년
        - 정규 7집 〈MAMACITA〉 2014년
        - 유닛 앨범 〈규현 광화문에서〉 2014년
        - 유닛 앨범 〈Super Junior-D&E The Beat Goes On〉 2015년
대표곡 : 〈U〉 〈로꾸거〉 〈요리왕〉 〈Sorry Sorry〉
        〈Mr. Simple〉 등

팝시클 아이돌 샤이니 & f(x)

한창 더운 여름날, 길을 가다가 가게나 편의점에 들러 가볍게 사 먹을 수 있는 건 무엇이 있을까? 진하고 깊은 맛을 내는 정통 아이스크림도 좋지만, 대중들은 하드를 좋아한다. 특히 십 대들은 종류가 무궁무진하고 선택의 폭이 상대적으로 넓으며 입맛대로 먹을 수 있는 하드를 좋아한다.

슈퍼주니어에 이어 나온 SM 아이돌 그룹의 느낌이 꼭 '팝시클' 같다. 기존의 아이돌 그룹과 비슷하면서도 또 다른 뭔가의 차별성이 있는 새로운 선택.

기획은 끊임없는 도전이다. 도전정신 없이 기획한다는 건 총 없이 전투를 치르는 것과 마찬가지이다. 처음 시작할 때 막연한 희망과 의지를 갖고 그 어려움을 참아야 하는 고통은 기획을 해본 사람들만이 안다. 기획은 상상의 세계를 머릿속에서 구체적인 그림으로 바꾸어 내는 작업이다. 그것도 매우 어렵지만, 구체적인 그림으로 사람들의 마음을 움직이는 것은 더 어렵다. 기획의 아이디어가 현실의 시장에서 수요를 이끌어내고 인기를 얻어내고 성공을 거두게 된다는 심플하고 쉬운 공식. 이 쉬운 공식대로만 문제를 풀 수 있으면 얼마나 좋을까?

2000년대부터 보아, 동방신기 그리고 슈퍼주니어까지 만들어낸 이수만이 이제는 또 어떤 아이돌을 내놓을 생각을 하고 있었을까? 아니, 내놔야 했을까? 이들에게서 얻어지는 매출과 대중들의 인기를 생각하면 굳이 새로운 그룹을 만들지 않아도 될 텐데 말이다.

여기서 잠깐 2008년 당시 한국 음악시장을 살펴볼 필요가 있다. 보아와 동방신기는 이미 일본에서 큰 인기를 얻으며 자리를 잡았고, 슈퍼주니어는 활발한 활동으로 인기를 구가하고 있었다. 하지만 국내 가요계는 JYP의 '원더걸스', YG의 '빅뱅' 등 SM의 아성을 위협하는 기획사의 아이돌들이 접수하다시피 한 상태였다. 서태지와 아이들 출신의 양현석이 기획을 맡고 있는 YG와 한때 SM 소속 가수로 오디션까지 봤으나 최종결정에서 떨어진, 하지만 그 후 톱 가수로 군림하는 박진영의 JYP. 이 두 기획사가 SM의 기반을 흔들 수도 있는 상황이었던 것이다.

2007년 여름, 필자는 가족들과 휴가 중 운전을 하고 있었다. 지방 어디쯤 운전의 무료함을 달래기 위해 라디오 채널을 맞추던 중 갑자기 귀에 꽂히는 노래가 흘러나왔다. 처음 듣는 노래인데도 어깨가 들썩일 정도로 흥이 나던 노래에 관심이 집중되었다. 그때 흘러나온 노래가 빅뱅의 〈거짓말〉이다. 아이돌 그룹들의 노래를 많이 찾아서 듣지는 않았지만, 빅뱅의 노래는 처음 듣는 순간부터 소위 말해 '꽂혔다'. 그리고 한 그룹 더 이야기하자면 당시 〈텔미〉 열풍을 불러왔을 만큼 인기가 있었던 원더걸스이다. 원더걸스의 〈텔미〉는 국민가요였다. 한국 가요계에 오랜만에 나타난 여성 슈퍼 그룹 '원더걸스'. 아이부터 노인까지 "텔미 텔미 테테테 테테 텔미…" 노래를 하고 다녔으니 그 인기는 글로 표현하기에 벅찰 정도이다.

이수만은 고민한다. SM의 아성에 도전하는 기획사는 늘 있었고, 그것이 너무도 자연스러운 일이라고 생각하고 있었다. 하지만 2008년 한국의 음악시장에서 90년대부터 SM이 세워놓은 찬란한 금자탑은 빛이 바래고 있었다. 양현석과 박진영이 이끄는 기획사는 출발부터가 여타 기획사와 달랐다. 그들이 누군가? 이수만과 같은 혹은 능가하는 최고의 인기가수 출신이 아니던가? 자칫하면 한국 가요시장에서 SM의 설 자리가 좁아질 수 있다는 초조감도 들었을 것이다. 그는 결심한다. 여태 보여주었던 SM의 색과는 또 다른 그룹을 선보이리라고. 그리고 치밀하게 준비한다.

'f(x)'는 멤버 구성이 국제적이다. 중국시장 진출을 염두에 둔 듯 5명 중 중국인이 2명이다. 이들 노래는 일렉트릭 사운드와 스토리 전개가 안 되는 가사 등이 특성인데, 노래 구성은 톡톡 튀는 팝시클과도 잘 부합한다. f(x)가 부른 〈일렉트릭

쇼크〉란 노래를 한 사형수가 사형집행 순간에 신청곡으로 틀어 달라고 했다는 루머가 돌아 화제를 모은 적이 있다.

'샤이니'는 고등학생 이하의 연령대를 멤버로 만들어진 철저한 틴에이저 그룹이다. 데뷔곡은 〈누난 너무 예뻐〉. 소년들이 누나가 예쁘다고 칭송하는 노래를 불러 여심을 잡으려는 마케팅은 과연 성공을 거두었을까? 물론 성공을 거뒀다. 기존 SM의 음악과는 약간의 궤를 달리하는, 누군가는 좀 가볍다고 하고 누군가는 달달하다고 하는 음악을 들고 나왔다. 이 역시 '팝시클'이라고 표현할 만하다. 때론 시원하고 때론 달콤한, 찌는 듯한 여름에 한 입 베어 먹는 그 아이스캔디 말이다.

샤이니

2008년~/SM 엔터테인먼트/남성 5인조
멤 버 : 온유(리더, 메인 보컬), 종현(리드 보컬),
　　　　키(메인 보컬/랩),민호(랩), 태민(보컬)
앨 범 : 한국 앨범
　　　　- 미니 앨범 〈누난 너무 예뻐(Replay)〉 2008년
　　　　- 정규 1집 〈The SHINee World〉 2009년
　　　　- 미니 앨범 〈ROMEO〉 2009년
　　　　- 미니 앨범 〈2009, Year Of Us〉 2009년
　　　　- 미니 앨범 〈잘못했어〉 2010년
　　　　- 정규 2집 〈Lucifer〉 2010년
　　　　- 미니 앨범 〈Sherlock〉 2012년
　　　　- 정규 3집 〈Chapter 1. Dream Girl-The Misconceptions of You〉 2013년
　　　　- 정규 3집 〈Chapter 2. Why So Serious? - The Misconceptions of Me〉 2013년
　　　　- 미니 앨범 〈Everybody〉 2013년
　　　　- 정규 4집 〈Odd〉 2015년
　　　　일본 앨범
　　　　- 싱글 1집 〈Replay~君は僕のeverything~〉 2011년
　　　　- 정규 1집 〈The First〉 2011년
　　　　- 싱글 5집 〈Dazzling Girl〉 2012년
　　　　- 정규 2집 〈Boys Meet U〉 2013년
　　　　- 정규 3집 〈I'm Your Boy〉 2014년
　　　　- 싱글 11집 〈Your Number〉 2015년
대표곡 : 〈Ring Ding Dong〉 〈Lucifer〉
　　　　〈Sherlock〉 〈Dream Girl〉 등

f(x)

2009년~/SM 엔터테인먼트/여성 5인조
멤　버 : 빅토리아(리더, 보컬/댄스), 엠버(랩/보컬),
　　　　루나(메인보컬/댄스), 크리스탈(보컬), 설리(탈퇴)
앨　범 : – 디지털 싱글 〈라차타(LA chA TA)〉 2009년
　　　　– 디지털 싱글 〈Chocolate Love〉 2009년
　　　　– 싱글 앨범 〈Hot Summer〉 2009년
　　　　– 미니 앨범 〈NU 예뻐오〉 2010년
　　　　– 정규 1집 〈피노키오/Hot Summer〉 2011년
　　　　– 미니 앨범 〈Electric Shock〉 2012년
　　　　– 정규 2집 〈Pink Tape〉 2013년
　　　　– 정규 3집 〈Red Light〉 2014년
대표곡 : 〈피노키오〉 〈Electric Shock〉 〈Red Light〉 등

chapter

5/06

더 큰
바다로
향하는
SM호

이수만은 이제 기로에 서 있다. SM이 사업 확장을 성공하여 질적인 성공과 함께 명실상부한 문화 콘텐츠 그룹이 될 수 있을 것인가? 아니면 거기에 따르는 상당한 금액의 수업료를 지불하고 다시 음악 산업에만 집중할 것인가? 이제 SM이라는 배는 항로 수정을 통해 미지의 바다로 가고 있다. 몇 년 후면 미지의 바다 위에서 순항을 할지 거친 파도 속에서 갈 길을 다시 찾고 있을지 볼 수 있을 것이다.

문화 기획_혁신

새로운 소통의 신호탄, Youtube

인터넷이 본격적으로 보급된 지 10여 년이 지난 2005년 Paypal이란 회사에서 일하던 청년 세 명, 채드 헐리(Chad Meredith Hurley), 스티브 첸(Steve Shih Chen), 자웨드 카림(Jawed Karim, 퇴사) 등은 모든 사람이 동영상을 공유할 수 있는 플랫폼을 개발한다. 이 사이트는 'Youtube'라고 **명명되었다. 어느덧 우리 일상에서도 친숙해진 Youtube는 무슨 뜻일까?** TV는 브라운관으로 만들어졌다. 이 브라운관을 진공관이라고도 하는데, 진공관이 영어로는 vacuum tube이다. 미국에서는 TV를 여기서 따와 종종 'tube'라고 부른다. 이들은 tube를 가져와서 "broadcast yourself"란 의미로 Youtube라 명명했다. 오늘날 세상 모든 소식과 소통의 장이 된 Youtube의 어원이다.

모든 것이, 지나고 나면 아무것도 아닌 것 같아 보이듯 유튜브 또한 누구나 생각할 수 있는 아이디어를 현실에서 만들어낸 것뿐이다. 유튜브 이전 인터넷의 환경은 어떠했는지 살펴보자. 동영상을 만드는 카메라(혹은 캠코더)는 이미 디지털화가 된 지 수년이 지났고, 아마추어들도 각자의 동영상을 직접 찍고 편집을 한다는 사실이 더 이상 새롭게 받아들여지지 않는다. 그러나 이렇게 만든 동영상을 공유할 수 있는 방법은 극히 미미한 상황이었다. 유튜브를 만든 이들 세 명은 이 점을 간과하지 않았다.

'Me at the zoo'

Youtube에서 위에 표기한 'Me at the zoo' 동영상을 찾아본 적이 있는가? 이 글을 보고 영상을 찾아봤다면 아마도 실망할 것이다. 하지만 영상의 내용에 비해 월등한 조회수를 본다면 깜짝 놀라고 만다. 한 남자가 동물원 코끼리 우리 앞에 서서 18초간 코끼리를 설명하는 영상일 뿐인데 말이다. 코끼리 앞에서 코끼리를 설명하는 것 이외에 아무런 의미도 없이 보이는 이 홈비디오 스타일 영상이 인터넷의 새로운 소통을 제시하는 혁명적인 신호탄이 될 줄 누가 알아차릴 수 있었겠는가? 동영상에 나오는 이 남자가 바로 유튜브를 만든 세 명의 설립자 중 하나인 자웨드 카림이고, 그가 올린 'Me at the zoo' 영상이 바로 유튜브 역사상 처음 업로드된 영상이다. 이 수수하고 볼품없는 영상을 신호탄으로 우리는 전 세계에서 업로드된 모든 영상을 가정용 컴퓨터와, 태블릿 PC, 그리고 스마트 폰에서 언제 어디서든 볼 수 있게 된 것이다.

새로운 시대, Youtube의 절대적인 힘

유튜브(Youtube)가 어떻게 모두에게 알려질 수 있었는지 간략히 살펴보자. 전 세계 뮤지션들이 세계 1위의 음악 산업 규모를 자랑하고 전 세계 음악 트렌드를 리드하는 미국시장을 노크하고 있다. 비단 우리나라뿐 아니라 이웃나라 일본, 독일 등 유럽의 여러 나라들도 마찬가지일 것이다. 그만큼 모두가 원하는 곳이다. 이는 곧 진입장벽이 높다는 걸 뜻한다. **그런 미국시장에서 인기 있는 음악을 차트로 만들어 보여주는 것이 '빌보드 차트'이고, 아시아에서는 유일하게 일본 가수가 빌보드 차트 1위를 차지한 적이 있다.** 1963년 '사카모토 큐'라는 가수가 〈스키야키〉라는 노래로 3주 동안이나 말이다. 우리나라의 내로라하는 가수들도 미국시장을 두드려 봤지만, 미국을 떠들썩하게 흔들어 놓은 가수는 없었다.

그런 와중에 커다란 사건이 터졌다. 바로 2012년 흥 많고 끼 많고 말썽 많았던 싸이가 내놓은 〈강남 스타일〉이 유튜브에서 큰 돌풍을 몰고 왔던 것이다. "하룻밤 자고 일어났더니 월드스타가 되어 버렸다."라는 현실이, 누구나 소설이나 영화에서 쉽게 써먹을 정도로 선망되나 말도 안 되는 비현실적인 일이 대한민국 가수에게 현실로 일어난 것이다.

사실 요즘 K-pop으로 전 세계적인 유행을 가져온 한국가요는 싸이가 〈강남 스타일〉로 빅히트를 치기 전에 수많은 전조가 있었다. 2012년 그 이전 상황을 유튜브에서 찾아보면 싸이의 오늘이 그냥 이루어진 것이 아님을 알 수 있다. 이미 수많은 한국의 뮤지션(아이돌)들이 유튜브에 열혈팬을 거느리고 있었고, 수많은 팬들이 수많은 cover곡을 만들어 유튜브에 업로드했으며, 그것을 또한 전 세계의 팬들이 공유하는 형식으로 K-pop에 열광하고 있었다. 그 정점에 서 있던 뮤지션들은 소녀시대, 샤이니, 슈퍼주니어, f(x), 빅뱅, 2ne1, 비스트 등 수없이 많은 아이돌 그룹들이었다. 하지만 유튜브에서 인기가 좋다고 세계적인 인기를 담보하는 것은 아니다. 주로 유튜브를 보는 이들이 십 대 중에서도 중반을 중심으로 하는 연령대가 많기 때문이다. 이들의 열광만으로 각 나라의 차트에서 K-pop의 인기를 실감할 수는 없었다. 하지만 물의 온도가 계속 높아지면 끓기 마련이고 물이 끓으면 넘치는 법.

싸이의 뮤직비디오는 유튜브에서 그간 한국가요 기획자의 상식으로는 말이 안 되는 상황을 연출하면서 승승장구하기 시작한다. 다음은 대한민국 가수 싸이의 〈강남스타일〉에 관한 기록을 위키피디아에서 가져온 것이다.

"〈강남스타일〉은 한국 가온 디지털 종합 차트와 코리아 K-Pop 핫 100에서 1위를 했으며, 해외에서는 영국, 독일, 프랑스, 호주, 캐나다, 이탈리아, 스페인, 네덜란드 등 30개국 이상의 공식차트에서 1위를 했다. 미국 빌보드 핫 100에서는 한국인으로는 원더걸스 〈Nobody〉에 이어 역사상 두 번째로 차트에 진입했으며, 또한 순위가 2위까지 올라간 뒤 7주 동안 이를 유지하며 아시아인으로 역사상 두 번째로 높은 순위를 기록했다.

이러한 성공에는 뮤직비디오가 주된 요인으로 꼽히고 있는데, 대한민국 시각으로 2015년 7월 기준으로 〈강남 스타일〉 뮤직비디오는 유튜브에서 23억 건의 조회수를 넘겼으며 이 기록은 아시아는 물론 전 세계 가수로 최초이자 역대 유튜브 조회수 1위이고, 약 950만 건의 좋아요 추천을 받아 최다 '좋아요 추천' 분야에서 기네스 세계 기록에 올라 있다. 이 노래는 MTV 유럽 뮤직 어워드 최우수 비디오상을 수상하기도 했다. 2013년 1월까지 전 세계적으로 1,200만 건 이상의 싱글을 판매해 세계 디지털 음악 역사상 가장 많이 팔린 싱글 중 하나가 되었다."

이런 대기록을 달성시킨 공로에서 유튜브의 힘은 절대적이었다. 단순히 모든 사람이 동영상을 자유롭게 올리고 공유할 수 있는 플랫폼을 만들어 제공했던 유튜브는, 이제 스스로 변화하고 발전하여 세계의 트렌드를 바꾸는 힘까지 갖는 거대한 시장을 형성하게 된 것이다. 이제는 과거와 같은 기획과 마케팅으로 국제적인 뮤지션을 키워내기보다는, 보다 다양한 방법으로 접근해야 하는 세상이 온 것이다.

SM은 급격히 변화하는 국제적인 환경 속에서 어떻게 대응하고 있을까? SM은 유튜브에 'SM TOWN'이란 채널 즉, 방송국을 갖고 있다. 발 빠른 대응으로 2006년 3월 18일 만들어진 채널은 2015년 7월 현재 구독자 650여만 명, 동영상 1,400여 개를 보유하고 있으며, 누적된 총 조회수는 28억여 회를 돌파하고 있다. 커다란 조직치고는 다변화하는 환경에 대한 대처가 발 빠르고 유연하다.

'소녀시대' 1989 – 현재

언젠가 우연히 TV를 봤는데, 〈2014 월드컵 특집 드림 콘서트〉라는 프로그램이
있다. 상암 스타디움에서 수만 명의 팬들이 운집한 가운데 가수들이 나와서 노
래를 했다. SM에서 내보낸 그룹은 EXO가 첫 번째, 소녀시대가 두 번째였다. **보
이그룹의 대표성은 EXO가, 걸그룹의 대표성은 소녀시대가 갖고 있다고 할 수 있
지 않을까.** 그들은 SM에서도 아주 특별한 존재였다.

K-pop의 정상에 우뚝 서 있는 걸그룹 소녀시대. 필자에겐 '소녀시대'가 두 가지
의미로 이해된다. 첫째는 이승철이 불렀던 〈소녀시대〉. 이 노래가 유행하던 당시
노래방 같은 곳에 가서 친구와 즐겨 부른 생각이 난다. 그런 소녀시대가 그룹의
이름으로 등장했다. 2007년 처음 본 소녀시대는 교복 콘셉트의 의상을 입고 나
와 이승철의 〈소녀시대〉를 부르고 있었다. 그때는 "어, 저 노래를 아이돌이 부르
네?"라는 생각을 잠깐 했을 뿐이었다. 그 후 이들이 어떤 성공의 길을 갈지 관심
도 없었고 상상도 되지 않았다.

S.E.S.는 이수만에겐 미완의 성공이었다. 물론 그 후 보아라는 출중한 여가수를 데뷔시키고 이웃나라 일본에서 S.E.S.가 못다한 한을 풀어줄 정도의 인기를 누리긴 하였다. 이수만은 그것으로 만족했을까? S.E.S.는 기획과 마케팅 전략을 치밀하게 세우지 못한 채 일본시장에 진출해서 무리한 활동을 하며 시간을 허비했다고 봐야 한다. 냉정하지만 옳은 결론이라고 할 수 있다. 물론 일본에서의 실패로 이수만은 많은 것을 얻었다. 수업료를 톡톡히 지불하며 일본시장을 배웠던 것이다.

이수만은 포기하지 않았다. 제2의 S.E.S.를 꿈꾸며 기획한 소녀시대는 공들여 준비했다. 데뷔도 기존과는 조금 다르게 접근해나갔다. M.net에서 〈소녀 학교에 가다〉라는 다큐성 프로그램을 만들자고 SM에게 제안을 해왔는데, 신인 그룹 홍보에 더할 나위 없이 좋을 기회를 놓칠 리 없었다. 총 9부작으로, 소녀들의 데뷔 과정을 고스란히 보여주며 배화여고 게릴라 콘서트로 막을 내린다. 이 프로그램으로 대중에게 소녀시대라는 그룹을 성공적으로 각인시킬 수 있었다.

데뷔곡은 〈다시 만난 세계〉. 사실 〈다시 만난 세계〉란 곡은 세상에 태어나지 못하고 묻혀버릴 운명의 곡이었다. 원래는 '밀크'를 위한 노래였지만, 그들이 피어보지 못하고 사라졌기 때문이다. 하지만 노래는 자신의 운명을 가지고 태어나는 법. 이 노래는 대중에게 인기와 관심을 갖기에 충분한 곡이었고, 소녀시대의 데뷔곡으로 선택될 수 있었다.

넘사벽, '원더걸스'

데뷔곡 〈다시 만난 세계〉로 합격점을 얻은 소녀시대는 앞길이 창창해 보였다. 정식 앨범 〈소녀시대〉를 준비하면서 소녀시대는 타이틀곡을 결정하게 되는데, 이번엔 이승철이 부른 〈소녀시대〉를 리메이크하기로 결정했다. 대중에게 이미 익숙했던 원곡으로 소녀시대를 좀 더 대중에게 알릴 수 있는 치밀한 계산이 깔려 있었다. 이 곡으로 SBS 인기가요에서 뮤티즌 송을 수상하는 등 차근차근 인기를 높여 갔고, 〈Kissing You〉라는 후속곡도 각종 음악 프로그램에서 1위를 수상하는 등 기염을 토했다.

하지만 정상에서 이들을 내려다보고 있는 걸그룹이 있었으니, 바로 '원더걸스'였다. SM의 라이벌격인 JYP가 론칭해서 〈텔미〉와 〈So Hot〉을 연달아 히트시키며 국민 그룹으로 자리 잡고 있었다. 당시 소녀시대가 원더걸스를 뛰어넘기는 불가능에 가까워 보였다. 국민 모두가 〈텔미〉의 가사를 따라하던 그 무렵에, 소녀시대가 가진 팬들의 스펙트럼은 너무 좁았고 '국민송'을 내놓지 못하고 있었기 때문이다. 더군다나 한국 가요 사상 처음으로 빌보드 차트에 진입(76위)하는 세계적인 히트곡인 〈Nobody〉까지 나오지 않았는가. 원더걸스의 인기 바람이 태풍급으로 변하며, 겨우 자리 잡은 소녀시대를 2등 그룹으로 전락시키려 했다.

2등 걸그룹의 이미지를 어떻게 하면 극복할 수 있을까? 소녀시대 구성원들은 라디오 DJ, 영화, 드라마, OST 등 가수 이외에 할 수 있는 활동을 최대한 하면서 그룹의 이미지와 인기도를 극대화 시키는 데 주력한다. 하지만 아무리 노력해도 원더걸스의 분출하는 용암 같은 파워를 이기지 못할 것 같았다.

〈Gee〉로 정점을 찍고 K-pop을 견인하다

이수만은 고민한다. 인간이 할 수 있는 노력이 따로 있고, 하늘에서 내려오는 운이 따로 있는 법. 그는 할 수 있는 최선의 노력을 다했지만, 운이 좀처럼 따라 주지 않는 듯 보였다. 이수만이 고민하는 사이 원더걸스가 움직이기 시작했다. **국내 시장에선 적수가 없다고 판단한 원더걸스의 소속사 JYP 프로듀서 박진영은, 한국에서의 메가톤급 인기를 끌어안고 이 기회에 원더걸스를 미국시장에 진출시키기 위해 도박을 감행한다.** 원더걸스의 미래를 담보로 도박을 한 것이다. 미국에서 모든 것을 얻던지, 실패하여 많은 것을 잃던지 라는 명제를 가진 힘든 싸움이었다. 박진영의 용감한 선택은 역으로 이수만에게 천금 같은 기회를 가져다주었고, 국민송이 없다는 콤플렉스에 시달렸던 소녀시대는 그토록 원하던 국민송을 갖게된다. 2009년 1월 5일 미니 앨범으로 발매된 〈Gee〉가 그 노래이다. 이수만이 그토록 공들이고 꿈꿨던 걸그룹의 일본 진출을 실현시켜 준 노래. 나오자마자 음악 관련 모든 사이트의 실시간 차트 1위를 휩쓸고, 〈뮤직뱅크〉에서 무려 9주간 1위를 차지했으며, 일본 오리콘 데일리 싱글 차트에서도 일본을 제외한 아시아 걸그룹으로 최초로 1위에 올랐던 〈Gee〉. 이 노래로 소녀시대의 역사는 새로 쓰인다.

싸이의 〈강남 스타일〉 이전에 유튜브에서 가장 조회수가 높았던 국내 가수의 노래는 무엇이었을까? 바로 소녀시대의 〈Gee〉이다. 필자가 유튜브를 통해 즐겨 찾는 영상이 있는데, 국내 K-pop을 세계 여러 나라의 젊은이들이 따라 부른 cover(따라 부르기)영상이나, flash mob(불특정 다수의 모르는 사람들이 인터넷이나 문자를 보고 한날한시에 모여 특정한 행동을 하는 행위. 예를 들면 영화의 한 장면을 따라 한다든지 특정 가수의 노래를 부른다든지, 음악에 맞춰 군무를 춘다든지.)이다. 그들은 단지 노래만 따라 부르는 게 아니라, 율동과 그 이상의 모든 것을 자기들 나름대로 소화하여 부른다. 재밌기도 하고 신기하기도 하다.

2009년 당시 가장 놀라웠던 유튜브 동영상은 소녀시대 〈Gee〉를 미국에서 댄스 커버한 영상이다. 그것도 미국의 대학에서 말이다. K-pop을 소비하는 주요 해외 연령층인 중학생이나 고등학생이 아니라 미국의 대학생, 그것도 미국 최고의 대학이라 할 수 있는 하버드 대학의 〈Gee〉 댄스 커버를 보고 이수만은 어떤 생각이 들었을까? 그 학생들이 소녀시대의 열렬한 팬은 아닐 수 있어도, K-pop이 이제 팝의 본고장인 미국 최고 지성의 전당까지 깊숙이 파고들었다는 소식이 기획자인 이수만의 귀에 들어갔을 때 말이다.

싸이의 〈강남 스타일〉이 유튜브 역사상 최고의 조회수를 기록하며, 전 세계에서 K-pop의 브랜드 가치가 엄청난 속도로 증가하고 있다. 싸이가 거둔 엄청난 성공에, K-pop의 존재 자체를 해외에 알리며 한류를 형성해 놓은 많은 한국의 아이돌 그룹들의 노력이 큰 역할을 했다고 말할 수 있지 않을까.

알다시피 〈지니〉는 소녀시대의 히트곡이기도 하지만, 램프의 요정이기도 하다. 램프를 비비면 밖으로 나와 어떤 소원이든 들어준다는 바로 그 요정 말이다. 항간엔 노래 제목이나 영화 제목은 그 제목대로 된다는, 또는 인기를 얻는다는 설이 있다. 그렇다면 일본에서의 성공과 세계무대에서의 화려한 데뷔는, 기획자 이수만의 소원을 지니가 들어준 결과일까?

소녀시대

2007년~/SM 엔터테인먼트/여성 9인조

멤　버 : 태연(리더, 메인 보컬), 써니(서브 보컬),
　　　　티파니(서브 보컬), 효연(서브 보컬), 유리(서브 보컬),
　　　　수영(서브 보컬), 윤아(서브 보컬), 서현(리드 보컬),
　　　　제시카(탈퇴)

앨　범 : 한국 앨범
　　　　– 싱글 1집 〈다시 만난 세계〉 2007년
　　　　– 정규 1집 〈소녀시대〉 2008년
　　　　– 미니 앨범 1집 〈Gee〉 2009년
　　　　– 미니 앨범 2집 〈소원을 말해봐〉 2009년
　　　　– 정규 2집 〈Oh!〉 2010년
　　　　– 미니 앨범 3집 〈Hoot〉 2010년
　　　　– 정규 3집 〈The Boys〉 2011년
　　　　– 정규 4집 〈I Got A Boy〉 2013년
　　　　– 미니 앨범 4집 〈Mr.Mr.〉 2002년
　　　　일본 앨범
　　　　– 정규 1집 〈GIRLS' GENERATION〉 2011년
　　　　– 정규 2집 〈Girls' Generation II: Girls & Peace〉 2012년
　　　　– 정규 3집 〈LOVE & PEACE〉 2013년

대표곡 : 〈다시 만난 세계〉 〈Gee〉 〈소원을 말해봐〉 〈Oh!〉 등

이수만, 전경련에 가다

전경련(전국경제인연합)은 2014년 2월 12일 대한민국의 양대 연예 기획사인 SM 엔터테인먼트와 YG 엔터테인먼트를 회원으로 가입 승인했다고 발표했다. 이건 아주 중요한 의미를 가진다고 볼 수 있다. 흔히 우리나라에서 연예인, 그중에서도 가수라고 하면 속칭 '딴따라'라는 딱지를 붙이고 그에 관련한 사업을 하는 사람들에 대한 평가도 좋지 못했다. 그런 시절이 수십 년간 계속되었다.

기존 전경련 회원들의 시각이 주로 '사업은 굴뚝산업을 대규모로 운영하면서 매출을 올리고 확장해 나가는 것'이었다면, 이젠 사업에 대한 시선이 바뀌게 되었다. 즉, 무형의 자산이라고 할 수 있는 기획의 영역이 제대로 평가받기 시작한 것이다. 공장 하나 없이 음악 콘텐츠를 만들어 소속사 가수나 연습생에게 부르게 하고, 그 무형의 콘텐츠를 바탕으로 국내외적으로 인기를 향유하고 매출을 올리는 산업. 제조업을 하는 사람들 입장에서는 봉이 김선달 같은 음악 콘텐츠 산업의 사업가가, 2014년이 되어서야 제대로 대접을 받게 된 것이다. 80년대 말부터 최고의 가수를 만들어 보려고 고군분투했던 이수만의 심정은 어땠을지 궁금하다.

SM 엔터테인먼트의 진짜 모습

이수만이 궁극적으로 추구하는 회사는 어떤 모습일까? K-pop을 끊임없이 만들고 아이돌 그룹 또한 끊임없이 만들어 세계에 SM을 알리며 한류를 이끌면서 매출을 극대화 시키는 것이 목표일까? 아니면 SM을 어마어마한 공룡 사업체로 꾸려가고 싶은 것일까? 추측해 보건대, 일부는 맞고 일부는 틀리다. **SM을 누구도 넘볼 수 없는 독보적인 회사로 만들고 싶은 생각은 당연히 하고 있겠지만, 회사의 규모를 지금보다 수십 배 수백 배 키우고자 한다면 언젠가 큰 벽에 부딪힐 수밖에 없을 것이다.** 주력 사업인 음악만 가지고는 그 규모의 한계가 뚜렷하기 때문이다. 그렇다면 어떤 사업을 더 해야만 SM을 그들 표현대로 '완전체'로 만들 수 있을 것인가? 답은 SM 초창기, 이수만의 고민에서 엿볼 수 있다. 초창기 SM은 가수만 있던 회사가 아니었다. 당시엔 가수와 배우, 엔터테이너들의 매니지먼트 사업까지 함께하려는 사업적 목적이 있었다.

SM 엔터테인먼트 초창기엔 가수뿐만 아니라, 예능인들도 매니지먼트를 하고 있

by SM is .... ----

었다. 당시 명 MC 김승현, 인기 개그맨 이홍렬과 신동엽 등도 SM에 둥지를 틀고 있었다. 하지만 현진영으로 빚어진 일련의 사건으로 이들은 모두 떠났고 연습생과 몇몇 가수만이 SM에 남아 있게 된 것이다. 이후 이수만은 당장 할 수 있는 사업이자 가장 자신 있는 사업에만 집중했다. 그것은 음반 기획, 즉 음악 산업에 진출해서 매출을 일으키는 것이었다.

현재 SM 엔터테인먼트의 사업 업종을 살펴보면, 음반 사업 이외에 연예 매니지먼트 사업이 포함되어 있다. 음반뿐 아니라 연예인들(배우, 코미디언 등) 기획사도 함께 하고 있는 것이다. 사실 처음부터 사업 계획이 존재했고, 계속해서 소규모로 사업을 진행하고 있었다. 하지만 여러 번의 위기를 겪으면서 사업을 펼칠 시간과 자본이 부족했던 관계로, 물밑에서 조용히 때를 기다리며 확장할 기회만 엿보고 있던 것이다.

SM이 자체적으로 하는 매니지먼트 사업의 면면을 살펴보면 배우 김민종, 이재룡, 유호정 등 기존의 배우들과 SM이 배출한 고아라, 이연희 등의 배우, 여기에 틴틴파이브 시절부터 인연이 있는 홍록기, 김경식 등이 있다. 이들의 매니지먼트를 지속적으로 하면서 기본을 어느 정도 숙지하게 되었고 노하우가 생겼다. SM은 큰 도전을 한다. 바로 'SM C&C'라고 하는 새로운 모습의 SM 유닛이다. 다음은 SM C&C 홈페이지에 나와 있는 회사소개이다.

SM C&C는,

"(주)에스.엠.컬처앤콘텐츠는 2012년 4월 아시아 최대의 엔터테인먼트 그룹으로 성장하고 있는 (주)에스.엠.엔터테인먼트가 BT&I를 인수 합병하면서 아시아 최대의 영상 콘텐츠 및 배우, MC 매니지먼트 회사로의 도약을 목표로 사명을 S.M.Culture and Contents로 변경한 회사입니다.

(주)에스.엠.컬처앤콘텐츠는 자체진행하고 있는 드라마, 영화 등의 영상 프로그램 제작사업과 함께 다양한 예능 및 TV 프로그램 제작을 위한 발판을 마련하기 위해 강호동, 신동엽, 이수근, 김병만, 전현무 등 최고의 인기를 누리고 있는 MC, 개그맨들을 차례로 영입하였고, 국내 최고의 예능/버라이어티 제작사인 ㈜ 훈미디어를 흡수합병하여, 지상파, 종합편성채널, 케이블을 망라하는 간판 예능 프로그램들에 대한 제작에도 돌입하였습니다."

문화 콘텐츠를 확보하라!

2014년 SM이 올린 총 매출은 2,870억 원이다. 영상콘텐츠를 대표하는 영화와 비교해보자. 천만 관객이 관람한 〈명량〉은 매출이 어느 정도였을까? 부가수익을 빼놓고도 다음과 같다. 먼저 영화 〈명량〉의 전국 관객수는 약 1,760만 명이고 이로 인해 생긴 매출은 약 1,350억 원이다. 이게 바로 영화라고 하는 영상콘텐츠의 힘이다.

SM은 2000년 중반 영화 산업에 뛰어든 적이 있다. SM 픽처스라는 회사를 통해 직접 제작을 한 〈꽃미남 연쇄 테러사건〉이라는 영화가 그것이다. 하지만 처참한 흥행성적으로 SM 픽처스를 매각할 수밖에 없었고, 이수만은 영화 제작의 꿈을 일시 포기하게 된다. 하지만 이수만이란 사람은 이미 정상에 올라와 있는 음반기획은 물론이고, 영화나 드라마 등 다른 콘텐츠 사업에 다시 도전할 것이 분명하다. 그는 언제나 남들이 생각하지 못한 걸 현실로 옮기려 하지 않는가. 그리고 어김없이 성공시키곤 했다. 〈I am〉이라는 극장 개봉용 다큐멘터리를 제작하여 한국을 비롯해 세계 각국에서 상영하기도 했다.

이수만은 최근 장동건, 김하늘, 신동엽, 강호동 등 수십 명의 연예인을 매니지먼 트하면서, 본격적으로 각종 TV 버라이어티 프로그램을 제작하고 드라마와 영화 쪽 시장에도 뛰어든다고 선언했다.

90년대 대기업들이 앞다퉈 음악 산업에 진출할 때 이수만은 자신이 있었다. 왜냐 하면 음반 사업이나 음반 기획은 자신과 같은 전문가만이 해야 하고, 그래야만 성공할 수 있다는 확신이 있었기 때문이다. 무언가 새로운 영역을 개척한다는 것 은 매우 어려운 일이다. 많은 전문가를 고용하고, 잘 나간다는 작가나 감독과 계 약을 하고, 수많은 자본을 투여해야 한다. 이는 이수만 본인도 잘 아는 사실이다. 본질적으론 비슷한 지점이 많다고 해도 영상콘텐츠와 음악콘텐츠 산업은 깊이 들어갈수록 다른 점이 많다. 필자가 일하는 영화 비즈니스만 해도 수십 년간 영 화콘텐츠만을 연구하고 수십 번 실패하면서 몸소 영화를 배운 고수들이 수두룩 하기 때문이다.

이수만은 기로에 서 있다. SM은 사업 확장에 성공하여 질적인 성공과 함께 명실 상부한 문화콘텐츠 그룹이 될 수 있을 것인가? 아니면 거기에 따르는 상당한 금 액의 수업료를 지불하고 다시 음악 산업에만 집중하게 될 것인가?

SM이라는 배는 항로 수정을 통해 미지의 바다로 가고 있다. 몇 년 후면 미지의 바다 위에서 순항할지 거친 파도 속에서 갈 길을 다시 찾고 있을지 볼 수 있을 것이다. 필자는 진정 궁금하다. 90년대 이수만이 음반 산업에 진출하는 대기업에 대해 자신이 있었던 그 판단과 자신감을 아직도 갖고 있는지 말이다.

chapter

6

06

Epilogue

책을 집필하면서 필자는 80년대 후반에서 현재까지의 음악 산업이 어떻게 탄생하고 변화하고 발전했는지에 대해 놀라운 경험을 했다. 이수만에게도 사무실도 없이 자동차 안에서 현진영과 함께 음악을 들으며 열정 하나만 갖고 음반을 기획하던 시절이 있었다. 또한 성공했다 싶었을 때 순식간에 깊은 수렁으로 빠져 허우적거려야 했던 아픔을 겪었으며, 자신이 공들여 기획한 가수들이 계약 기간을 채우지도 않고 떠나는 모습을 지켜봐야 했다.

필자가 감독(작가)들과 함께 장편영화를 만들 때 중요시하는 포인트는, 주인공의 좌절과 인생의 변화를 줄 수 있는 크고 작은 터닝 포인트(변화점)를 이야기라는 큰 줄거리 중간마다 적절히 삽입시키는 것이다. 그리고 극의 중반쯤 매우 큰 실패나 좌절의 상황을 심어 감정의 골을 깊게 파놓고서는, 클라이맥스에서 관객들이 카타르시스를 느낄 수 있게 해결되는 구조이다. 이수만의 경우 그의 삶 자체가 무척 드라마틱한 영화와 비슷하다.

사실 이수만에 대한 평가는 어떤 위치에서 그를 바라보느냐에 따라 상반되게 갈린다. 한류 하면 SM이고 그 중심에 이수만이 있었기에 공을 인정해야 한다는 측과, 음악 산업을 비즈니스의 영역으로 끌고 들어가 이익의 극대화를 위해 피도 눈물도 없는 자본주의적 경쟁만 시킨 후 가수가 필요 없어지면 버리고 마는 냉혈한이란 측으로 말이다.

필자는 영화 기획자이고, 철저히 기획자적인 관점에서 그를 바라봤기에 다음과 같은 이야기를 할 수 있을 것 같다.

첫 번째, 기획자로서 이수만은 한 번도 정체된 적이 없다. 필자가 실제로 경험한 영화 쪽 이야기를 잠시 해보겠다. 90년대 한국영화는 두 번째 부흥기를 맞이하며 많은 기획자(제작자)들이 등장했는데, 이들이 지금까지 영화 산업을 이끌어 왔음은 누구도 부정할 수 없다. 하지만 당시 다양한 영화를 기획해 영화 시장을 리드하던 기획자들이 이제는 거의 사라졌다. 봉준호 감독의 데뷔작 〈플란다스의 개〉나 김지운 감독의 데뷔작 〈조용한 가족〉 류의 영화는, 지금은 대자본에 투자를 받아서 개봉시키기 무척 어려워졌다는 얘기다. 작품성보다는 철저하게 수익성을 따져야 하니, 애초에 조금이라도 모험을 하는 영화를 만들지 않는 것이다. 현재의 영화 산업은 말 그대로 대기업 자본이 모든 것을 지배하고 있다. 그런 점에서 본다면, 필자는 아직도 현업 선두에서 자신만의 색깔로 자신의 음악 세계와 가수를 도전적으로 기획해내는 그가 부럽고 한편 대단하다고 느낀다.

두 번째, 언제나 이수만의 기획은 대중보다 앞섰다. 이 점이 왜 중요한지는 기획을 해본 사람들이라면 쉽게 알 수 있을 것이다. 어떤 예술장르에서든지 기획이란 늘 대중의 정서보다 최소한 반발 앞서야 한다는 함의가 있다. 이는 굉장히 현실적인 고충이 따르는 지점이다. 꿈같은 생각을 현실화시킬 수 있다고 이야기하는 것이

기획자의 본질 아니던가.

성공한 기획자와 실패한 기획자는, 정말이지 글자 그대로 종이 한 장 차이다. 매우 미미한 차이와 환경이 그들의 기획을 실현시키느냐 못 시키느냐로 귀결시키지만, 어느 분야에서든지 새로운 아이디어를 기획하는 사람이 없다면 우리의 삶은 얼마나 단조롭고 재미없을까?

영화 〈라이프 오브 파이〉를 보면, 그 조그만 배에 몸을 맡기고 망망대해를 떠돌며 육지를 발견하고자 하는 의지가 우리 기획자들의 몸 안에 흐르고 있다. 비록 이 책에서는 음악이라는 콘텐츠로 한정되어 있지만, 이수만과 나는 그리고 모든 새로움을 만들어 내고 싶어 하는 우리 기획자들은 같은 바다 위에서 배를 타고 있다. 구명정을 타고 간신히 생명을 연장하는 사람, 수만 톤의 커다란 배를 타고 안정적으로 항해하는 사람들이 기획의 바다에 있다. 배마다 목적지가 다르듯, 배에 타고 있는 사람들이 가지고 있는 꿈 또한 저마다 다르다.

필자는 우리가 경험하는 모든 분야에서 기획이 없는 곳은 없다고 생각한다. 모든 발명은 필요에 의한 기획 작품이었으며, 우리가 현재 민주주의라고 불리는 정치 체제도 필요에 의한 기획으로 만들어진 것이다. 음악, 미술, 소설, 시, 건축, 교육, 정치, 경제, 영화 등 우리가 살며 접하는 모든 분야도 아이디어를 기획하여 구체적으로 만들어지는 것이다.

한 치 앞도 내다볼 수 없는 망망대해에서 어느 한 사람이 목표로 한 항구에 도착한다면, 그는 그곳에 등대라도 세워 빛을 비춰줘야 할 것이다. 비록 모든 기획자들의 최종 목적지가 같지는 않을지라도, 바다를 항해하는 우리는 그 등대의 불빛을 보고 항로를 개척해 나갈 수 있는 것이다.

언젠가 나도 모든 항해자들도, 서로의 목적지에 다다를 그 날을 꿈꾸며 이 글을 끝맺는다.

이수만

참고문헌

최초의 MTV 스타일 뮤직 비디오
- 대중문화 음악계서 이수만은.., 문화일보, 2000. 3. 31
http://www.munhwa.com/news/view.html?no=2000033119000201

부암동과 풍수
- 권태동 기자의 인물탐험 제 292 호, 월간중앙, 2000. 3. 1.
http://cluster1.cafe.daum.net/_c21_/bbs_search_read?grpid=V6di&fldid=8EF&datanu
m=5&openArticle=true&docid=V6di8EF520040823183225

우드스탁, 그리고 클리프 리처드 사건
- 34년 만에 두 번째 내한공연 갖는 영국의 팝 가수 클리프 리처드, 여성동아, 2003. 3. 1.
http://woman.donga.com/docs/magazine/woman/2003/03/06/200303060500011/
200303060500011_2.html
- 클리프 리처드 이화여대 실황 공연, 다음 블로그(마이트위터-윤수덕), 2009. 3. 6.
http://blog.daum.net/cineyoon/16136807

김민기와 이수만, 그리고 세시봉
- 이수만, 텐아시아, 2009. 12. 28.
http://tenasia.hankyung.com/archives/3076
- 무교동의 추억, 쎄시봉 음악감상실, 네이버 블로그(추억의 편린들), 2010. 3. 21.

http://blog.naver.com/s5we/150083071109
- 그룹 사운드 출신들, '포크 싱어'들과 만나고 또 헤어지다(상): 1969-1972」, weiv, 2002. 10. 17.
 http://www.weiv.co.kr/archives/11122

헤밍웨이와 이수만, 그리고 카페

- '다방문화'에서부터 다시 보는 카페역사, SUNNY sk 대학생 자원봉사단, 2012. 4. 24.
http://blog.besunny.com/?p=9373
- 이수만, 텐아시아, 2009. 12. 28.
http://tenasia.hankyung.com/archives/3076

불후의 명곡 〈흐린 기억 속의 기대〉

- 불후의 명곡 2013.9.7 KBS 2TV.
- [레트로 스토리] 양현석·클론·룰라...문나이트의 전설은 여전히 ing, 중앙일보, 2014. 2. 28.,
http://article.joins.com/news/article/article.asp?total_id=14025642&ctg=1502
- 현진영 데뷔모습 에스엠 (이수만 인터뷰), Youtube.
http://www.youtube.com/watch?v=5wjY7Nnt6xg
- 백지연의 피플 INSIDE EP.259 '한국 힙합 음악의 전설 가수 현진영 SM의 수장 이수만과의
인연'편

한강에서 두 번 뛰어내린 소년가장 현진영

- 세바퀴 EP 219, 2013.9.7.
- 현진영, 아버지가 남기고 간 퀴즈 풀 수 있을까?, 노컷뉴스, 2007. 2. 1.
http://www.nocutnews.co.kr/news/245124
- 백지연의 피플 인사이드 EP 259, 2012. 10. 9.
- 가수 현진영 "학창시절 자살시도 한 적 있다", 아주경제, 2012. 9. 5.
http://www.ajunews.com/view/20120905000068
- 'SM 1호 가수' 현진영 "이수만, 친아버지처럼…", MK뉴스, 2013. 9. 8.

http://news.mk.co.kr/newsRead.php?no=820948&year=2013
- 현진영, "내가 SM 1호 가수, 이주노와 오디션 봤다", 내일신문, 2011. 10. 5.
http://m.naeil.com/m_news_view.php?id_art=31240
- 현진영 "이수만, 안무 보안 때문에 감금시킨 적 있다", sbs 스포츠 뉴스, 2013. 4. 4.
http://sbsespn.sbs.co.kr/news/news_content.jsp?article_id=E10002910219

무대 위의 방황하는 토끼

- 백댄서 출신의 가수들! 누가 있을까? , 블로그(으,막떠들기)
2009. 12. 1. http://djyaru.tistory.com/m/post/106
- http://ko.wikipedia.org(한국어), 현진영.
- 가수 현진영의 가슴 아픈 진실들, 마케팅타임즈, 2011. 6. 1.
http://www.mtimes.co.kr/?mid=mkrss&document_srl=4334

이수만과 유영진의 운명적 만남

- 신동엽 SM 서열 "이것 참 애매하네", 아시아 경제, 2012. 9. 27.
http://www.asiae.co.kr/news/view.htm?idxno=2012092709170077229
- '[정보] 현진영, 서태지, 이수만에 얽힌 비하인드 스토리 - 90년대 가요사' 2013. 6. 30.
http://gasengi.com/m/bbs/board.php?bo_table=commu_etn&wr_id=184338
- http://ko.wikipedia.org(한국어), 유영진.
- 안윤태·공희준, 「이수만 평전」, 정보와 사람, 2012, pp 263-266.
- [스크랩] SM 엔터테인먼트, 오마이뉴스 블로그(나그네의 '삼국지' 쾌도난담), 2006. 11. 9.
http://blog.ohmynews.com/yoneui/133564

포스트 현진영을 찾아라!

- [스크랩] SM 엔터테인먼트, 오마이뉴스 블로그(나그네의 '삼국지' 쾌도난담), 2006. 11. 9.
http://blog.ohmynews.com/yoneui/133564
- SM 그리고 유영진의 음악 세계, 이글루스(All About World),
2009. 5. 16. http://mistisk.egloos.com/1487460

- [잡담] SM이라는 회사의 간략한 역사, 인터넷, 2014. 1. 30.
http://dvdprime.donga.com/bbs/view.asp?master_id=40&bbslist_id=2420772

최초의 아이돌 그룹
- 〈노래 인생〉 강타 "H.O.T 추억에 젖어 살지 않겠다", 연합뉴스, 2014. 2. 24.
http://www.yonhapnews.co.kr/section/2014/02/23/7311020000AKR2014022305530
0005.HTML
- 사상 최악의 콘서트 참사··· 1992년 '뉴 키즈 온 더 블록' 내한공연, 채널예스, 2012. 9. 11.
http://ch.yes24.com/Article/View/20569
- [스크랩] [문희준 강타]데뷔 전 유영진 백댄서 시절, 네이버 블로그(동심♡), 2008. 11. 27.
http://blog.daum.net/eastsea7/7557024
- 케이팝을 움직이는 손, '대형기획사 , 프레시안, 2012. 2. 1.
http://www.pressian.com/news/article_print.html?no=38008

최초의 팬덤 문화가 생기다
- HOT - HOT멤버들 고유색과 고유번호 알려주세요 [빨리!!], 다음 지식 QnA, 2005. 3. 13.
http://k.daum.net/qna/view.html?qid=01ytX
- H.O.T. '전설의 부활'을 기다리며..., 블로그(양현석-김귀현의 히트앤드런), 2008. 12. 11.
http://blog.ohmynews.com/hitandrun/233295
- 해피투게더 S3. E187 문희준 팬클럽 규모, YouTube.
http://www.youtube.com/watch?feature=player_detailpage&v=gKcuujXdzdQ#t=337

SMP(SM MUSIC PERFORMANCE)란?
- "서태지, 이젠 말할 수 있다···형들이 돌아왔어", 프레시안, 2010. 4. 30.
http://www.pressian.com/news/article.html?no=100503
- SMP|② SMP 대백과사전, ize, 2013. 8. 13.
http://ize.co.kr/articleView.html?no=2013080815217286697

해체되는 H.O.T.와 정해익

- SM이라는 회사의 간략한 역사, 2014. 1. 30.
http://dvdprime.donga.com/bbs/view.asp?master_id=40&bbslist_id=2420772
- http://ko.wikipedia.org(한국어), H.O.T.
- http://ko.wikipedia.org(한국어), god.
- F&J엔터테인먼트 정해익 대표 "두고 보세요, 유진·빈 최고가 될 겁니다", 한국일보, 2003. 8. 27.
http://cluster1.cafe.daum.net/_c21_/bbs_search_read?grpid=Hvoc&fldid=8P7J&datan
um=896&openArticle=true&docid=Hvoc8P7J89620030829174002
- 댄스그룹, "우리가 소모품인가요", 동아닷컴, 2001. 3. 15.
http://weekly.donga.com/docs/magazine/weekly/2005/02/16/200502160500059/
200502160500059_1.html +

첫 여자 아이돌 S.E.S.

- http://ko.wikipedia.org(한국어), S.E.S.
- "'핑클' 이효리, S.E.S 멤버로 발탁될 뻔", 한국경제, 2010. 12. 1.
http://www.hankyung.com/news/app/newsview.php?aid=2010120126277
- 세스나 스피드나 TLC가 롤모델이죠. 2012. 8. 4.
http://mlbpark.donga.com/mbs/articleV.php?mbsC=bullpen&mbsIdx=1109134&cpag
e=1&mbsW=search&select=sid&opt=1&keyword=qmfkdldjs

S.E.S. 일본 진출하다

- http://ko.wikipedia.org(한국어), S.E.S.
- 지금 H.O.T.노래를 들어야 할 사람은 교육종사자들이다, 데일리스포츠, 2001. 9. 4.
http://cluster1.cafe.daum.net/_c21_/bbs_search_read?grpid=2xjw&fldid=pHO&datan
um=41&openArticle=true&docid=2xjwpHO4120010906202851
- 엑소 컴백 스케줄 재조정, 세월호 참사 애도 동참, 머니투데이 뉴스, 2014. 4. 17.
http://news.mt.co.kr/mtview.php?no=2014041708593166228&type=1&VML
- 엑소M, '중독' 중국 CCTV 음악 프로그램 1위, 파이낸셜 데일리, 2014. 5. 11.

http://www.fdaily.co.kr/news/article.html?no=10920

짐승돌, 예능돌, 고인돌 ... 신화를 말하는 많은 별명들

- 레알 신화vs신창은 사실이였다 신화vs신창 총정리, 네이트 판,
2010. 1. 23. http://pann.nate.com/b200980518
- 신화와 sm의 관계에 대해 풀겠소 (스크랩ㅇ),
네이버 블로그(Forever be with you), 2009. 8. 1.
http://blog.naver.com/rla5588/90063691835
- 신화1집 [SHINHWA] - 비록 시작은 미약 할 지라도, 이글루스(생명은 가볍고, 삶은 무겁다),
2010. 8. 11.
http://ladyathena.egloos.com /210104

집을 박차고 나간 탕아들

- 에릭, 10style, 2011. 7. 15.
http://tenasia.hankyung.com/archives/9203
- 에릭 "SM과 재계약 고민 많았지만 타회사행" 왜?, 중앙일보, 2012. 3. 21.
http://article.joins.com/news/article/article.asp?total_id=7672741&ctg=1502
- '라디오스타' 신화 에릭 "SM 나가자마자 이수만에게 고마움 느꼈다",
티브이데일리(아시아경제), 2012. 3. 28.
http://tvdaily.asiae.co.kr/read.php3?aid=1332945926295925019

보아, 전설의 시작

- http://ko.wikipedia.org(한국어), 보아의 음반 목록
- [사이버 핫라인] 데뷔 일주일된 신인가수 권보아 안티사이트, 동아일보, 2000. 9. 1.
http://news.donga.com/3/all/20000901/7577919/1
- 보아 데뷔 앨범 〈ID; peace B〉 가사.
- 보아:13세소녀 꿈을 향해 운명을 걸고 도전하다., 이글루스(불사조의 늪), 2007. 3. 2.
http://phoenix307.egloos.com/62623

- 보아 데뷔 cf, YouTube.
- http://ko.wikipedia.org(한국어), 보아.
- 보아 가족의 특별한 감성 교육법, 네이버 블로그(하나씩 내려놓기), 2008. 5. 11.
http://blog.naver.com/PostView.nhn?blogId=bogjo22&logNo=150031208991
- [t MAP] 보아, 매거진t, 2008. 11. 3.
http://news.naver.com/main/read.nhn?mode=LSD&mid=sec&sid1=106&oid=230&a
id=0000004043

보아, 일본시장의 문을 활짝 열다
- http://ko.wikipedia.org(한국어), LISTEN TO MY HEART (노래).
- http://ko.wikipedia.org(한국어), 보아의 음반 목록.
- 보아 '미국진출'이 구차스러운 이유, 동아일보, 2008. 9. 14.
http://news.donga.com/3/all/20080914/8630561/1

SM 세대교체 1 (SM의 존립위기)
- "SM 3년전 코스닥 등록때 이수만씨 수백억 시세차익, 동아일보, 2002. 7. 25.
http://news.naver.com/main/read.nhn?mode=LSD&mid=sec&sid1=102&oid=020&a
id=0000142675
- SM 2인자 이야기, 2013. 7. 15.
http://pgr.m.oolzo.com/View.aspx?site=191&page=145&no=45221

SM 세대교체 2 (사라지는 아이돌)
- [스타메이커] SM엔터테인먼트 김경욱 대표, 한국일보, 2003. 12. 10.
http://cluster1.cafe.daum.net/_c21_/bbs_search_read?grpid=DbRH&fldid=MUVX&da
tanum=31&openArticle=true&docid=DbRHMUVX3120031211005013
- [편견타파 릴레이] 대형기획사 아이돌은 다 성공할까?, 블로그(TOMO' s Travelog), 2009. 7. 6.
http://tomomo.tistory.com/136

신비

- http://ko.wikipedia.org(한국어), 신비.
- 신비 활동에 관하여, 네이버 지식인
http://kin.naver.com/qna/detail.nhn?d1id=3&dirId=302140101&docId=48020662&qb=7Iug67mEIO2ZnOuPmQ==&enc=utf8
- '이 앳된 소녀가' SM걸그룹 멤버 사시합격, 스포츠조선, 2012. 3. 30.
http://sports.chosun.com/news/ntype.htm?id=2012033101002322700193 94&servicedate=20120330
- SM 엔터테인먼트의 흑역사를 대표하는 주인공 Top 5, 블로그(100beat), 2011. 4. 6.
http://100beat.com/sm-%EC%97%94%ED%84%B0%ED%85%8C%EC%9D%B8%EB%A8%BC%ED%8A%B8%EC%9D%98-%ED%9D%91%EC%97%AD%EC%82%AC%EB%A5%BC-%EB%8C%80%ED%91%9C%ED%95%98%EB%8A%94-%EC%-A3%BC%EC%9D%B8%EA%B3%B5-top-5/

밀크

- http://ko.wikipedia.org(한국어), 밀크.
- 소녀시대 '써니', 이수만 조카에 '슈가' 연습생, 투데이 코리아 2007. 12. 2.
http://www.todaykorea.co.kr/news/contents.php?code=S2N58&idxno=21890

블랙비트

- http://ko.wikipedia.org(한국어), 블랙비트

이삭 N 지연

- http://ko.wikipedia.org(한국어), 이삭N지연

SM 효자둥이 '동방신기'

- 동방신기 "원래 그룹명은 '오장육부", 스포츠한국미디어, 2007. 04. 23.

http://sports.hankooki.com/lpage/music/200704/sp2007042311014458550.htm
- 태평양 건너 별들이 온다, 미주한국일보, 2005. 05. 31.
http://www.koreatimes.com/article/248272
- 두산백과 아카펠라 항목.

동방에서 신이 일어나다

- 농장에서 젖소 젖 짜며 푸대접 받기도, 채널 예스, 2011. 08. 18.
http://ch.yes24.com/Article/View/17834
- 동방신기, 日부도칸도 '붉은 물결'로 뒤덮었다, 스타뉴스, 2007. 6. 20.
http://star.mt.co.kr/stview.php?no=2007062009131906698

안타깝지만, 끝까지 효자는 없었다

- 동방신기 두 멤버의 부모측, 소송의 시작은 '화장품 사업' 때문, 조선일보, 2009. 11. 02.
http://thestar.chosun.com/site/data/html_dir/2009/11/02/2009110201344.html

슈퍼맨 말고 슈퍼 주니어

- http://ko.wikipedia.org(한국어), 모닝구 무스메.

변신 로봇 말고, 변신 유닛

- 슈퍼주니어, 왜 국내보다 해외팬이 더 열광하나, 스포츠 경향, 2014. 5. 23.
http://news.khan.co.kr/kh_news/khan_art_view.html?artid=201106211855025
- 아이돌 그룹 멤버 교체? 팬들에게 물어보니…"천년의 사랑도 식는다", 쿠키뉴스, 2013. 7. 11.
http://m.kukinews.com/view.asp?gCode=ent&arcid=0007360484&code=41181611
- http://ko.wikipedia.org(한국어), 슈퍼주니어.
- 즐거운 다락방 :: SM-YG-JYP, 제2차 아이돌 대전 Part 2,
블로그(티스토리 스튜디오), 2014. 1. 31.
http://lovezon2.tistory.com/86

- 스포츠 경향 [창간기획]슈퍼주니어 "창간 6돌•데뷔 6돌…앞으로도 함께 잘 나가야죠" 2011.5. 15.
http://sports.khan.co.kr/news/sk_index.html?art_id=201105151738163&sec_id=540301
- 슈퍼주니어 주연 '꽃미남…', 극장 흥행 손해 DVD로 만회, 이데일리, 2008. 3. 12.
http://media.daum.net/entertain/newsview?cateid=1034&newsid=2008031215370459
2&cp=Edaily

팝시클 아이돌 샤이니 & f(x)

- http://ko.wikipedia.org(한국어), 샤이니.
- http://ko.wikipedia.org(한국어), f(x).

새로운 소통의 신호탄, Youtube

- http://en.wikipedia.org/wiki/Main_Page(english), YouTube.
- 유튜브 뜻, Yahoo answer.
https://answers.yahoo.com/question/index?qid=20070819175934AAooQTK

새로운 시대, Youtube의 절대적인 힘

- http://en.wikipedia.org/wiki/Main_Page(english), YouTube.
- SMTOWN, YouTube.
http://www.youtube.com/user/SMTOWN
- http://ko.wikipedia.org(한국어), 싸이.

'소녀시대' 1989-현재

- http://ko.wikipedia.org(한국어), 소녀 학교에 가다.
- http://ko.wikipedia.org(한국어), 소녀시대.
- 소녀시대 결성과정 비하인드 스토리[수정본],
네이버 블로그(함께흐린세상건너기), 2013. 11. 17.
http://blog.naver.com/PostView.nhn?blogId=hooi6969&logNo=198929333&redirect=

Dlog&widgetTypeCall=true
- 소시 '다시 만난 세계', 원래는 '밀크'의 곡, 뉴스비트, 2010. 7. 17.
http://blog.daum.net/_blog/BlogTypeView.do?blogid=0LIih&articleno=6979558

넘사벽, '원더걸스'

- http://ko.wikipedia.org(한국어), Gee. (Gee 흥행 기록)

〈Gee〉로 정점을 찍고 K-pop을 견인하다

- Gee 하버드 대학, YouTube.
http://youtu.be/Aoeg6DuW91I
- 유튜브 '많이 본 한국 뮤직비디오' 순위… 소녀시대 훌쩍 넘은 싸이의 힘,
한국경제매거진, 2012. 09. 10.
http://magazine.hankyung.com/business/apps/news?popup=0&nid=01&nkey=20120
91400876000181&mode=sub_view

이수만, 전경련에 가다

- SM·YG엔터·스타벅스도 전경련 회원사 됐다, 연합뉴스, 2014. 2. 11.
http://www.yonhapnews.co.kr/economy/2014/02/11/0302000000AKR201402111214
51003.HTML

SM 엔터테인먼트의 진짜 모습

- SM엔터테인먼트의 사업확장 속 위험 요소들, 블로그(팔만대잡담),
2012. 9. 20. http://topsy.tistory.com/m/post/2216
- http://ko.wikipedia.org(한국어), SM C&C.
- http://ko.wikipedia.org(한국어), SM 엔터테인먼트.

문화 콘텐츠를 확보하라!

- SM C&C와 드라마 제작사 삼화네트웍스 전략적 제휴, 동아닷컴, 2014. 4. 29.
http://news.donga.com/3/all/20140429/63123695/3
- 광해 전국 관객수와 매출액 (영화진흥위원회).
 http://blog.daum.net/jyn2863/559
- SM C & C 홈페이지.
http://www.smcultureandcontents.com/main.asp
- 추가열 SM, 박명수와 이홍렬도 한식구였다!, ENS
http://www.vop.co.kr/A00000482426.html
- SM영화 'I AM' 한류팬 열광, 오는 21일 국내 개봉, 머니투데이, 2012. 6. 8.
http://article.joins.com/news/article/article.asp?total_id=8410957&ctg=1502

문화 레전드 시리즈 02

SM 리퍼블릭

기획자 이수만이 꿈꾸는 문화제국

2015년 8월 19일 초판 1쇄 펴냄

지은이 김동환 | **그린이** 김광성 | **펴낸이** 김재범
기획 스토리텔링콘텐츠연구소 | **책임편집** 김형욱 | **아트디렉터** 다랑어스토리
편집 정수인, 윤단비 | **관리** 박신영 | **디자인** 박종민
인쇄·제본 AP프린팅 | **종이** 한솔 PNS | **펴낸곳** ㈜아시아
출판등록 2006년 1월 27일 | **등록번호** 제406-2006-000004호
전화 02-821-5055 | **팩스** 02-821-5057
주소 서울시 동작구 서달로 161-1 3층(흑석동 100-16)
이메일 bookasia@hanmail.net | **홈페이지** www.bookasia.org
페이스북 www.facebook.com/asiapublishers

ISBN 979-11-5662-130-0 04680
　　　　979-11-5662-128-7 (SET)
*값은 뒤표지에 표시되어 있습니다.

이 도서의 국립중앙도서관 출판시도서목록(CIP)은 서지정보유통지원시스템 홈페이지(http://seoji.nl.go.kr)와
국가자료공동목록시스템(http://www.nl.go.kr/kolisnet)에서 이용하실 수 있습니다. (CIP 제어번호 : CIP2015018811)